Hettwer

Das Bildungswesen in der DDR

pocket wissenschaft

Herausgeber:

Ökonomie
Klaus-Dirk Henke
Alfred Kieser

Pädagogik
Wolfgang Keim
Paul Röhrig

Psychologie
Heiko Deters
Klaus R. Scherer

Soziologie/Politologie
Dieter Boris
Reinhard Kühnl

Hubert Hettwer

Das Bildungswesen in der DDR

Strukturelle und inhaltliche Entwicklung seit 1945

Kiepenheuer & Witsch

Herausgeber des vorliegenden Bandes:
Wolfgang Keim, Köln

Redaktion:
Erika Stegmann

ISBN 3 462 01165 0

Satz: Bercker, Graphischer Betrieb GmbH, Kevelaer
Druck und Einband: Clausen & Bosse, Leck
Printed in Germany 1976

Inhalt

Einleitung

Wer heute ein Buch mit einem so umfassenden Titel wie *Das Bildungswesen in der DDR* in einer wissenschaftlichen Taschenbuch-Reihe veröffentlicht, ist dem Leser eine Erklärung schuldig. Dieser nämlich wird ggf. mit Recht fragen, ob ihm damit etwas anderes geboten werden kann, als es ihm ähnlich benannte, längst zugänglich gewordene Arbeiten bereits zu bieten vermögen, die, da sie teilweise sogar breiter als ein Taschenbuch angelegt sind, seinem Informationsbedürfnis besser gerecht werden. Auf diese Weise in Konkurrenz treten zu wollen, dürfte deshalb von vornherein wenig sinnvoll sein, wäre doch ein solches Buch eher überflüssig als notwendig. Anders dürfte es sich verhalten, wenn, was aus dieser Situation zwingend folgt, das Bildungswesen der DDR unter bestimmten Aspekten beleuchtet wird und Seiten an ihm freigelegt werden, die bislang wenig oder gar nicht gesehen worden sind. Ein Beitrag dieser Art könnte dann dazu anregen, die bereits vorhandene Literatur unter diesem Aspekt zu studieren, vielleicht sogar eingehender studieren zu müssen, um zu verifizieren, zu ergänzen, u. U. auch zu korrigieren, was hier nur in Ausschnitten vorgetragen werden kann. Der Untertitel *Strukturelle und inhaltliche Entwicklung seit 1945* kündigt einen Aspekt an, der bisher kaum beachtet worden ist.

Jede Bildungsreform hat zwei Seiten zu bedenken, die äußere, strukturelle, organisatorische und die innere, inhaltliche, auf den Lehrplan und die Unterrichtsgestaltung bezogene, zwei Seiten, die in einem *Wechselverhältnis* zueinander stehen und deshalb nur bei Beachtung beider ein vollständiges Bild geben können. Wer einen Blick auf die Reformarbeiten vor allem unseres Schulwesens in den letzten 100 Jahren wirft, wird feststellen, daß es an Mühen und Anstrengungen auf diesem Felde ganz sicherlich nicht gefehlt hat; allerdings hat es den Anschein, als stelle sich immer wieder die gleiche Aufgabe, die immer wieder auf die gleiche Weise zu lösen versucht wird, obwohl sie so nicht zu lösen ist. Das hat in jüngster Zeit wieder der Deutsche Bildungsrat im »Strukturplan« unter Beweis gestellt, wo eingangs zu lesen ist: »Strukturreform und Curriculum-Reform stehen in enger Wechselwirkung. Wie das Curriculum-Angebot für eine Schule, die durch Differenzierung fördert und wissenschaftsorientiertes Lernen für alle ermöglicht, erweitert und erneuert werden muß, ist aufgezeigt. Die Curricula selber aber, die die neuen Strukturen mit Inhalt füllen, sind weitgehend erst zu schaffen. Niemand kann sie herbeizaubern.«[1]

Im Unterschied hierzu waren die für die Bildungsreform zuständigen Institutionen in der DDR und bereits die in der Sowjetischen Besatzungszone bei ihren Arbeiten von Anfang an darauf bedacht, die Forderungen, die sich aus dem Wechselverhältnis von struktureller und inhaltlicher Reform ergeben, zu beachten und damit äußere Maßnahmen zugleich mit den ihnen entsprechenden inneren vorzunehmen. So sind dann auch die großen, das gesamte Bildungswesen, dabei vorrangig das Schulwesen betreffenden Reformen – 1946, 1959 und 1965 – verfahren, an denen uns interessiert, auf welche Weise die Frage nach jenem Wechselverhältnis beantwortet worden ist, ganz besonders deshalb, weil mit der Bildungsreform gleichzeitig Veränderungen im deutschen Kulturraum verbunden waren, die den gesellschaftlichen Bereich im gesamten ergriffen und wegen der neuen ideologisch-weltanschaulichen Entwicklungen in erster Linie innere Konsequenzen für das Bildungswesen nach sich gezogen haben.

Neben der Beschränkung des Themas auf den Aspekt des Verhältnisses von Struktur und Inhalt war noch eine weitere Begrenzung notwendig: Wir haben das Gewicht auf das Schulwesen und dabei wiederum das allgemeinbildende Schulwesen gelegt. Dem Einwand, der deshalb gegen die Wahl des umfassenden Titels erhoben werden könnte, wäre mit dem Hinweis darauf zu begegnen, daß das allgemeinbildende Schulwesen mit der polytechnischen Pflichtoberschule beispielhaft für das ganze Bildungswesen steht und Publikationen der DDR selbst nicht anders verfahren.[2] Man muß wissen, daß z. B. die Arbeiten, die um des Fortgangs der Unterrichtsgestaltung in der polytechnischen Pflichtoberschule willen geleistet worden sind, auch dem Kindergarten[3], den Hochschulen[4] wie auch der Armee[5] gegolten haben: Die Forschungsergebnisse wurden und werden jeweils übertragen.

Der historischen Entwicklung folgend, gliedert sich das Buch in drei Kapitel. Für den Zeitraum des zweiten Kapitels wurde nicht die Unterteilung in zwei weitere Abschnitte, wie sie die Literatur der DDR überwiegend vornimmt, beibehalten, sondern, da beide Abschnitte derselben historischen Epoche zugerechnet werden, in einem Kapitel zusammengefaßt.[6] Im Mittelpunkt des ersten Kapitels (1945 bis 1949) steht die Frage, in welcher Weise die DDR die Schwierigkeiten, die die Einstellung, Beschäftigung bzw. Entlassung von Lehrern kurz nach 1945 mit sich brachten, gelöst hat. In enger Verbindung mit der Antwort auf diese Frage ist die Suche nach neuen Inhalten zu sehen, woran sich die Frage nach den strukturellen Reformen anschließt. In dieser Zeit spielte die Einführung der Schülermitverwaltung eine große Rolle; sie kommt ausführlich zur Sprache.

Das zweite Kapitel wendet sich der Zeit von 1949 bis 1962 zu, in die der Beschluß der SED zum Aufbau des Sozialismus fällt. In dieser Periode wandte man viel Mühe für die Einführung der sog. Zehnjahrsschule auf, eine Schulform, die deutliche Parallelen zur ehemaligen Mittel-, der heutigen Realschule in den Ländern der Bundesrepublik zeigt, von der aber der Weg zur allgemeinbildenden polytechnischen Pflichtoberschule geführt hat. Welche Folgen sich daraus für die inhaltliche Ausgestaltung der Schule ergaben, wird in diesem Kapitel mit untersucht.

Die Bemühungen um den einheitlichen sozialistischen Aufbau des Bildungswesens wurden auch in der dritten, 1962 einsetzenden Periode, in der sich die DDR heute noch befindet, fortgesetzt. Nach der in dieser Zeit ausdrücklich formulierten These, daß die Struktur des Bildungswesens seine Inhalte bedinge[7], folgte auf die Reform des Aufbaus nach dem Bildungsgesetz von 1965 die schrittweise Einführung eines neuen Lehrplanwerks, beide dem allgemeinen Ziel der Persönlichkeitsbildung verpflichtet. Die Verwirklichung dieses Zieles mit ihren bis heute ungelösten Fragen bildet den Kern des dritten Kapitels.

Große Beachtung hat die Reformarbeit in allen drei Entwicklungsperioden den Fragen der *Sicherung* der Ergebnisse von Bildung und Erziehung in der Schule geschenkt. Deshalb wurden sie ebenfalls angemessen berücksichtigt. Letztlich gewähren sie einen guten Einblick in die Art und Weise, wie die DDR bei der Umsetzung von Schul- und Bildungsreformen verfahren ist und weiter verfährt.

Die Ausführungen halten sich der eingangs erklärten Absicht zufolge eng an die Quellen aus der DDR selbst. So wird das Risiko von Mißdeutungen, die sowieso jede Auswahl mit sich bringt, möglichst gering gehalten. Es wurde auch bewußt aus leicht zugänglichen Quellen geschöpft, um damit zu weiterem Studium anzuregen. Versucht worden ist auch zu beachten, was sehr zu Recht der V. Pädagogische Kongreß mit Nachdruck erklärt hatte: »Die pädagogische Wissenschaft muß sich zunächst von jeder wirklichkeitsfremden Betrachtung der pädagogischen Probleme lösen. Sie muß schneller die unmittelbaren Bedürfnisse unserer Schulpraxis befriedigen und dabei eine Sprache finden, die von unseren Lehrern auch verstanden wird.«[8]

1. Der Wiederaufbau der Schule in der Sowjetischen Besatzungszone Deutschlands (1945–1949)

1.1. Entnazifizierung der alten und Gewinnung einer neuen Lehrerschaft

Die Eröffnung der Schulen nach 1945 stellte so wie alle Besatzungsmächte und die von ihnen eingesetzten bzw. wiederbesetzten deutschen Verwaltungsbehörden auch die der SBZ vor die Frage, welchen Lehrerinnen und Lehrern die Bildung und Erziehung der Jugend übertragen werden sollte. Eine Schulreform, die sich als eine bewußt antifaschistisch-demokratische verstand, fand in einer Lehrerschaft, die einem faschistischen Staate gedient hatte, wohl nicht gerade die günstigsten Voraussetzungen. Und daß der Aufbau der Schule – das war schon in rückliegenden, politisch an einem Wendepunkt stehenden Zeiten wiederholt ausgesprochen worden – gänzlich von den Lehrern abhing, hatte auch Otto Grotewohl ausdrücklich auf einer der ersten Arbeitstagungen der SED erklärt: »Die zentrale Frage bei der Schaffung einer demokratischen Schule ist und bleibt der Lehrer. Erst wenn wir den Lehrer als den Träger einer wirklichen Demokratisierung der Schule und des öffentlichen Lebens gewonnen haben, können wir hinsichtlich dieses entscheidenden Abschnitts unseres Neuaufbaus beruhigt sein.«[9] Zunächst aber sah auf dem Gebiete der SBZ die Lage so aus, daß von den bei Kriegsende erfaßten 39 348 Lehrerinnen und Lehrern allein 28 179 als sog. Parteigenossen (Pgs) der NSDAP angehört hatten; das waren 71,7 %. Die ausschließlichen Mitgliedschaften in anderen (Nazi-)Organisationen wie vor allem in der SA, HJ und dem NS-Lehrerbund waren dabei nicht mitgerechnet; würden sie dazugezählt, dann verringert sich der Prozentsatz derjenigen, die gänzlich außerhalb jener Organisationen gestanden hatten, auf ganze 3 %.[10] Allein mit diesen 3 % den Unterricht in den Schulen aufnehmen zu wollen, hätte von vornherein das Scheitern des ganzen Unternehmens bedeutet. Bedenkt man des weiteren, daß für eine erfolgreiche Inangriffnahme der antifaschistisch-demokratischen Schulreform ein Bestand von mindestens 60 000 Lehrkräften als unerläßlich angesehen wurde[11], war es unmöglich, auf die Mitarbeit eines Teils jener 97 % zu verzichten. So lautete in dieser Situation die Frage, wie groß dieser Teil sein und nach welchen Kriterien er ausgewählt werden sollte, eine Frage, die die einschlägige DDR-Literatur im Laufe der Zeit in recht unterschiedlicher Weise beantwortet hat. Man sollte sich gerade heute dessen vergewissern, zumal nicht zuletzt hierzulande das Gelingen jener Schulreform als von einer sozialistischen Gesellschaftsordnung abhängig angesehen wird, das bisherige Mißlingen der hiesigen Schulreform aber auf die Fehler, die 1945 bei der Entnazifizierung in den westlichen 3 Besatzungszonen gemacht worden sind, zurückgeführt wird. Solche Fehler, schreibt man dann[12], seien eben der sozialistisch verfaßten DDR in der Phase der antifaschistisch-demokratischen Schulreform nicht unterlaufen. Beim Studium von Gottfried Uhligs veröffentlichten Untersuchungen, die erstmalig ein reiches, z. T. bislang auch unzugängliches Quellenmaterial verarbeitet haben, stößt der Leser u. a. auf das Urteil: »Die Widerstände gegen die konsequente Säuberung des Lehrkörpers traten nicht zufällig vor allem in Thüringen und der Provinz Sachsen auf. Diese beiden Gebiete hatten vom April bis zum Juli 1945 amerikanischen Besatzungsbehörden unterstanden, die nur die am meisten kompromittierten Vertreter des Faschismus aus den Verwaltungen entfernten und es proimperialistischen Kräften gestatteten, sich zu sammeln und Einfluß zu gewinnen. Infolgedessen begann die allgemeine Reinigung des Verwaltungsapparats hier verspätet, erst nachdem die sowjetischen Militärbehörden die Regierungsgewalt übernommen hatten.«[13] Damit soll doch nichts anderes gesagt sein, als daß in den von den sowjetischen Truppen sogleich und ausschließlich besetzten deutschen Gebieten die Säuberung des Lehrkörpers konsequent verlaufen ist. Was, so ist wiederum zu fragen, wurde dann z. B. in der DDR unter einer konsequenten »Säuberung« verstanden?

Eine der jüngsten Veröffentlichungen (1974) der »Akademie der Wissenschaften der DDR« zur Geschichte der DDR sagt hierzu: »Von den Faschisten gemaßregelte Lehrer und pädagogisch befähigte Antifaschisten wurden in den Schuldienst eingestellt.«[14] Gemeint sein kann damit nur, daß ausschließlich solche Personen für eine Anstellung in Frage gekommen sind, heißt es doch an anderer Stelle: »Aus den Amtsstuben und Schulen, den Justiz- und Polizeibehörden wurden die ehemaligen Nazis entlassen, aktive Faschisten, Kriegsverbrecher festgesetzt.«[15] Aus dem gleichen Buch gewinnt man jedoch den Eindruck, daß dieses Verfahren Lehrern gegenüber nicht konsequent angewandt worden ist: »Während die Hauptschuldigen, Kriegsverbrecher und aktive Nazis, entmachtet und streng bestraft wurden, erhielten die ehemaligen nominellen Mitglieder der Nazipartei die Möglichkeit, sich aktiv am Wiederaufbau und als gleichberechtigte Staatsbürger am politischen Leben zu beteiligen. In den Staatsorganen, im Polizei- und Justizapparat wurden sie allerdings nicht beschäftigt. Strenge Maßstäbe galten auch für die Lehrtätigkeit an Schulen und Hochschulen.«[16] Wurde in der SBZ tatsächlich bei der Wiederverwendung von Mitgliedern der NS-Partei anders verfahren als in den Westzonen nach 1945? Bei Uhlig ist hierzu zu lesen: »Auch in der Lehrerschaft gab es keine radikale Wandlung; die früheren Lehrer, die zum großen Teil dem Nationalsozialismus so oder so verpflichtet waren, unterrichteten weiter.«[17] Da sich seine großangelegten Untersuchungen in 2 Bänden die Aufgabe stellen, »den westdeutschen Pädagogen der Gegenwart . . . durch geschichtliche Besinnung zu helfen, einen Standpunkt für die notwendigen Veränderungen des westdeutschen Schulwesens im antifaschistisch-antiimperialistisch-demokratischen Sinne zu gewinnen«[18], sollen ein paar Ergebnisse ausgewählt werden, die teils in den Untersuchungen selbst nicht stimmig sind, teils anderen Veröffentlichungen zum einschlägigen Fragenkreis widersprechen. Deshalb sollten die westdeutschen Pädagogen bei der Bildung ihres Standpunktes für unbestritten notwendige Veränderungen in unserem Schul- und Bildungswesen die angebotene Hilfe recht kritisch gebrauchen und vor allem nicht glauben, daß die Säuberung der Lehrerschaft nach 1945 nun in der SBZ konsequent, die in den Westzonen, vor allem der US-Zone, dagegen inkonsequent vorgenommen worden ist. Die künftige Entwicklung der Schule dürfte jedenfalls davon nicht abhängig gewesen sein.

Zunächst ist bei der Frage nach der Säuberung der Lehrerschaft, die zusammen mit der Entnazifizierung des gesamten deutschen Volkes erfolgt ist, in Erinnerung zu rufen, daß die 3 bzw. 4 ehemaligen Besatzungsmächte beschlossen hatten, sie gemeinsam zu lösen und u. a. hierfür ein gemeinsames Organ – den Alliierten Kontrollrat – geschaffen hatten. Bis zur Aufnahme seiner Tätigkeit am 30. August 1945 hatten allerdings die jeweiligen Befehlshaber in gleicher Sache erste Weisungen und Befehle erlassen. Wiederholt hebt in diesem Zusammenhang die jüngste DDR-Literatur die *Richtlinien* für die Stadt Berlin vom 11. Juni 1945 hervor und unterstreicht einerseits, daß sie »noch vor dem Eintreffen der ersten amerikanischen, englischen und französischen Besatzungstruppen in den Westsektoren Berlins beschlossen wurden, aber auch danach in Kraft blieben«[19], andererseits, daß sie »auf den Empfehlungen der KPD vom Oktober 1944 und vom April 1945« (basierten).[20] Hier wurde der von der Aufbauarbeit in den Schulen auszuschließende Personenkreis genauer benannt: »Alle aktiven Mitglieder der Nazipartei, SS, SA, NSKK und der Frauenschaft sind sofort aus jeder Tätigkeit an den Schulen zu entfernen . . . Indessen können solche Lehrkräfte, die charakterlich einwandfrei sind und deren bisheriges dienstliches und außerdienstliches Verhalten dafür bürgt, daß sie sich ohne Vorbehalt auf die Ziele des neuen Staates umstellen, wieder eingestellt werden.«[21] Wenn auch solche Normen keineswegs in alle folgenden einschlägigen Richtlinien aufgenommen worden sind, sollte man gerade wegen der Vorbild-Funktion der Berliner Richtlinien für die Durchführung der antifaschistisch-demokratischen Schulreform in der gesamten SBZ nicht vergessen, daß Lehrer doch trotz ihrer einfachen (nicht aktiven) Mitgliedschaft in NS-Organisationen wieder verwendet werden konnten, sofern u. a. ihr *bisheriges* dienstliches und außerdienstliches Verhalten die Gewähr für eine vorbehaltlose Umstellung auf die Ziele des neuen Staates bieten konnte. Was die Umstände betrifft, die in Thüringen und Sachsen eine konsequente Entnazifizierung erschwert und die nach Uhligs Meinung in der vorausgegangenen Beratung durch amerikanische Truppen ihre Ursache gehabt haben, ergibt sich aufgrund der vorliegenden Quellen doch ein etwas anderes Bild.[22]

Zum Personenkreis der neu auszubildenden Nachwuchskräfte ist zu sagen, daß sich dazu das Potsdamer Abkommen nicht geäußert hatte, der *Befehl Nr. 40* der SMAD[22a] dagegen erklärte, es seien diejenigen Personen aus »demokratischen, antifaschistischen Kreisen der deutschen Intelligenz« heranzuziehen, »die die nötige allgemeine Ausbildung genossen haben und als Lehrer in den Volksschulen und Höheren Schulen tätig sein wollen«.[23] Die hierzu von der *Deutschen Zentralverwaltung* – übrigens unter *demselben* Datum wie der Befehl Nr. 40 – erlassenen Richtlinien erklärten u. a.: »Bei der Auswahl sind jüngere Kräfte aus dem Volke zu bevorzugen; ... Voraussetzung für die Einstellung ist vor allem eine schon bewährte demokratische Gesinnung und Haltung ... Volksschulbildung genügt, sofern der Bewerber ein geistig aufgeweckter Mensch ist und seine Bildung selbständig weiterentwickelt hat. Für die Einstellung an höheren Schulen kommen vor allem solche Bewerber in Betracht, die sich besondere Kenntnisse in einzelnen Fächern erworben haben.«[24] W. Wolf schreibt zu dieser Frage für Thüringen bzw. zitiert aus den von seinem Ministerium bekanntgegebenen Richtlinien: »80 % der Neulehrer sollten Volksschüler sein, mindestens 50 % der Arbeiterklasse entstammen.«[25] Abgesehen davon, daß es recht unwahrscheinlich war, unter den in Frage kommenden Bewerbern aus jüngeren Jahrgängen eine nennenswerte Zahl von *bewußten* Antifaschisten ausfindig machen zu können, wurden die Anforderungen an frühere Mitgliedschaften in NS-Organisationen in rascher Folge gelockert. Sah noch der *Befehl Nr. 162* der SMAD vom 6. Dezember 1945 für die Auswahl künftiger Volksschullehrer vor, »ehemalige Mitglieder der NSDAP, Offiziere und Führer der HJ-Organisationen sind nicht zu den Kursen zuzulassen«[26], wurde bald danach verfügt, daß alle nach 1920 geborenen ehemaligen NSDAP-Mitglieder zur Ausbildung als Lehrer aufgenommen werden könnten, sofern sie nicht – es folgt die schon bekannte, wenig greifbare Einschränkung – *aktiv* tätig gewesen waren. Die strengen Bestimmungen der Berliner Richtlinien vom 11. Juni 1945, die noch vorgesehen hatten, daß Schüler der bisherigen Lehrerbildungsanstalten von einer weiteren Ausbildung und Einstellung als Lehrer grundsätzlich ausgeschlossen bleiben sollten[27], waren damit schnell überholt worden.

Geht man der Frage nach, wer von den *ehemaligen* Lehrern in seinem Beruf wieder beschäftigt werden durfte, so ist die Antwort hierauf in erster Linie im Zusammenhang mit dem Anliegen, grundsätzlich eine neue Lehrerschaft schaffen zu wollen, zu sehen. Auch da galt die bereits erwähnte Lockerung der Bestimmungen, daß diejenigen NSDAP-Mitglieder, die nach dem 1. Januar 1920 geboren waren, im Schuldienst verbleiben konnten. Eigenartig mutet es erneut an, daß gerade Uhlig dafür vollstes Verständnis zeigt; er schreibt: »denn sie waren unter dem Hitlerregime aufgewachsen und konnten für den Eintritt in faschistische Organisationen nur bedingt verantwortlich gemacht werden, zumal sie in manchen Fällen einfach aus der HJ in die NSDAP ›übernommen‹ worden waren«.[28] Es sei dahingestellt, wer unter jene Maßnahmen der Säuberung von faschistischen Elementen gefallen und wie konsequent sie betrieben worden ist. Wie rasch man jedoch hier vorankommen wollte, läßt sich aus dem Artikel entnehmen, den Anton Ackermann dem Abstimmungsergebnis des Volksentscheids vom 30. Juni 1946 über den Gesetzesentwurf zur Enteignung der Kriegs- und Naziverbrecher in Sachsen mit dem Titel »Der Volksentscheid und die nominellen Pgs« gewidmet hatte, wo er u. a. ausführte: »Die ehemaligen Mitglieder der NSDAP stellen zusammen mit ihrem Familienanhang im Lande Sachsen die gute Hälfte aller Abstimmungsberechtigten dar. Folglich muß sich ein ganz beträchtlicher Teil von ihnen gegen die Kriegs- und Naziverbrecher ausgesprochen haben. Diese Tatsache kann nicht bestritten werden . . . Und unserer Meinung nach will es schon etwas heißen, wenn in so relativ kurzer Zeit nach dem Zusammenbruch des ›Dritten Reiches‹ das Gros der ehemaligen nominellen Pgs in geheimer und freier Abstimmung eine solche Entscheidung gegen Hitler . . . trifft. *Erstens* liegt hier ein schöner Erfolg der Arbeit und des Kampfes der antifaschistisch-demokratischen Kräfte vor: ist doch das vorliegende Ergebnis die Frucht ihrer Anstrengungen. *Zweitens* wurde die nüchterne, kluge und weitsichtige Politik gegenüber den ehemaligen nominellen Pgs, wie sie vor allem wiederholt in Erklärungen von Wilhelm Pieck und Otto Grotewohl zum Ausdruck kam, vollauf bestätigt . . . Es besteht kein Zweifel, *wer* von den ehemaligen Pgs in Sachsen mit ›Ja‹ abstimmte und wo die etwa 16 % Neinsager zu suchen sind. Mit ›Ja‹ gestimmt haben die unbelasteten ehemaligen NSDAP-Mitglieder: vor allem die Eisenbahner, Postler, Lehrer, kleinen Geschäftsleute und viele ähnliche Kreise, die überhaupt nicht freiwillig, sondern nur unter politischem, moralischem und vor allem wirtschaftlichem Druck einmal den Aufnahmeschein für die NSDAP ausgefüllt haben. Ferner die enttäuschten und betrogenen kleinen Nachläufer, die auf die nationale und soziale Demagogie (vor allem auf die zeitweise mit höchster Lautstärke betriebene *antikapitalistische* Demagogie) der Hitler, Goebbels und Ley hereingefallen waren, die also als Betrogene zum Mitläufer des Faschismus wurden . . . Den Zwangs-Pgs und den betrogenen und mißbrauchten nur *nominellen* ehemaligen Mitgliedern der Naziorganisationen muß der Weg in die demokratische Gemeinschaft als gleichberechtigte Staatsbürger geöffnet werden!«[29] An diesen lobenden Worten fällt auf, daß sich aus dem Begriff des nur nominellen NSDAP-Mitgliedes eine ganze Reihe von Fragen ergeben, die sich auf die Rechtsposition des nur nominellen Mitgliedes beziehen. Sie können hier nicht aufgegriffen werden; nur soviel sei gesagt, daß Ackermann zum nominellen Mitglied auch den »Nachläufer« bzw. »Mitläufer« zählte, der wiederum gleichgesetzt mit dem »Zwangs-Pg« und als »unbelastet« angesehen wurde. Aufgrund der amtlichen Verlautbarungen des Alliierten Kontrollrats jedoch wurden diesbezüglich große Unterscheidungen getroffen mit ganz beachtlichen Folgen für die Straf- und Sühnemaßnahmen.[30] Im Rahmen der Ermächtigungen der Kontrollratsbeschlüsse, die den Zonenbefehlshabern gewährt wurden, erklärte dann am 16. August 1947 der Oberste Chef der SMAD für die SBZ in seinem Befehl Nr. 201, daß »eine allgemeine gerichtliche Belangung sämtlicher ehemaligen nominellen, nicht aktiven Mitglieder der Nazipartei ... nur der Sache des demokratischen Aufbaus Deutschlands schaden und dazu beitragen (würde), daß die Positionen der Überbleibsel der faschistischen militärischen Reaktion gefestigt werden«.[31] Die deutschen Verwaltungsorgane und Entnazifizierungskommissionen wurden angewiesen, die Entnazifizierung zu beschleunigen und rasch zu einem Abschluß zu gelangen. Einen weitgehend endgültigen Abschluß brachte das Gesetz der DDR vom 11. November 1949 über den Erlaß von Sühnemaßnahmen und die Gewährung staatsbürgerlicher Rechte für ehemalige Mitglieder und Anhänger der Nazipartei und Offiziere der faschistischen Wehrmacht, deren Ausführungsbestimmungen gemäß § 2, Abs. 1 für all diese Personen die Tätigkeit im öffentlichen Dienst erlaubten, ausgenommen den Bereich der Inneren Verwaltung und der Justiz und für solche Personen, die zu einer Freiheitsstrafe von mehr als einem Jahr verurteilt worden und vor dem 8. Mai 1927 geboren waren.[32] Nach der Direktive Nr. 38 des Kontrollrats vom 12. Oktober 1946 traf das jedoch nur auf den Kreis der Hauptschuldigen und Belasteten, nicht auf den der Minderbelasteten und Mitläufer zu.[33] Für einen großen Teil der Lehrer, wohl den größten, die Dienst während der NS-Zeit getan hatten, ergab sich die Möglichkeit der Wiedereinstellung. Wenn auch aus der Tatsache, daß sie den Beruf bereits ausgeübt hatten, kein Rechtsanspruch auf Wiedereinstellung gewährt wurde, durfte ihnen – sofern sie die geltenden Einstellungsvoraussetzungen erfüllten – jedoch kein zusätzlicher Nachteil erwachsen.

1.2. Einsetzung und Wiederauflösung der Schülerselbstverwaltung

Wer sich über den Stand der Forschung zur Stellung des Schülers in den nach 1945 wieder eröffneten Schulen der SBZ in den bereits erwähnten Bänden der MP-Reihe informieren will, wird feststellen, daß die beiden einschlägigen Bände II und III diesen Fragenkreis recht unterschiedlich berücksichtigt haben. Zunächst fällt dem Leser auf, daß er es schwer hat, sich anhand der Inhaltsverzeichnisse rasch orientieren zu können. Sie gebrauchen nämlich das Wort Schülerselbstverwaltung nicht. Daß dennoch Einschlägiges abgehandelt worden ist, läßt sich vermuten in Bd. II im Kapitel »Neue Beziehungen zwischen Schule und demokratischer Öffentlichkeit« – vor allem im Unterabschnitt »Die einheitliche Jugendorganisation als wesentlicher Faktor des antifaschistisch-demokratischen Erziehungssystems« –, in Bd. III im Kapitel »Die Mitwirkung der demokratischen Öffentlichkeit und demokratischer Organisationen beim Aufbau der antifaschistisch-demokratischen Schule«. Erinnert man sich nun an den Verlauf der Entwicklung, wonach entsprechend z. B. den Vorschlägen der Erziehungskommission im KZ Buchenwald aus dem Jahre 1944 – »Die Schülerselbstverwaltung ist wieder aufzulassen« – längst vor der Gründung der FDJ im Februar 1946 sogenannte Schülerräte eingerichtet worden waren, müßten Berichte über deren Arbeit in erster Linie in Bd. II, der ja die Zeit des Aufbaus von 1945–1946 untersucht, zu finden sein. Eigenartigerweise aber ist hier davon nichts zu erfahren, vielmehr hat sich damit allein der Bd. III beschäftigt.

Seinen Darlegungen zur Schülerselbstverwaltung, deren Organe sich – wie berichtet wird – gleich anfangs *spontan* gebildet hätten[34], geht eine einleitende Erklärung darüber voraus, daß die Unterstützung der Schulreform durch die antifaschistischen Jugendausschüsse, die aufgrund eines Befehls der SMAD vom 20. Juni 1945 zugelassen worden waren[35], bald von der FDJ hätte fortgeführt werden können. Jedoch – das wird *auch* ausdrücklich hervorgehoben – hatten beide Organisationen nicht die Absicht, ihre Arbeit in erster Linie der Schule zu widmen. »Es bestanden allerdings nur wenige direkte Verbindungen zwischen den (Jugend-)Ausschüssen und den Schulen. Ihr Einfluß auf die Schülerschaft – mit Ausnahme der Berufsschüler – blieb meist gering.«[36]

Wenn zu lesen ist, daß sich Organe der Schülerselbstverwaltung *spontan* gebildet hätten, dann bleibt zu fragen, von welcher Art diese Spontaneität gewesen war. In einem der ersten Berichte ... hierzu teilt die Leiterin einer Schule von rd. 1000 Jungen und Mädchen mit, daß die Schülerschaft »zwar auf äußere Disziplin gedrillt war, die sich aber den Neuerungen in der Schule gegenüber passiv, verständnislos, zuweilen gar ablehnend verhielt ... Nach langem Bemühen faßten die Kinder Vertrauen zur neuen Lehrerschaft, zu der sie frei äußern durften, was sie bedrückte. Die Schüler traten aus ihrer Reserve heraus. Allmählich kam Leben in die Schule, nachdem sie erfaßt hatten, daß sie ungestraft Meinungen und Wünsche sagen durften, auch wenn sie sich mit denen ihrer Erzieher nicht immer deckten«.[37] Hieraus geht ganz unzweifelhaft hervor, daß die Schüler auf ihre neuen, weil bislang unbekannten Aufgaben erst aufmerksam gemacht werden mußten, die Einführung der Schülerselbstverwaltung damit den Anstoß von Seiten der Lehrerschaft nötig hatte. Von solchen aus der Lehrerschaft gegebenen Anstößen ist immer wieder die Rede. Auffallenderweise bleibt aber in diesem Zusammenhang auch nicht die Klage aus, daß die Gegner einer Schülerselbstverwaltung gleichfalls aus den Reihen der Lehrer kamen, die wiederum nicht selten Unterstützung aus der Elternschaft erhalten hätten. Ein Erfahrungsbericht einer Schule aus dem Jahre 1948 beginnt: »Noch im Juni 1947 hielt die an der Schule beschäftigte Lehrerschaft die Errichtung eines Schülerausschusses für völlig utopisch. Vom damaligen Schulungsleiter der Neulehrerarbeitsgemeinschaften wurden Schülerausschüsse für unsinnig erklärt. Den Schülern seien straffe Führung durch Schulleitung und Lehrerschaft lieber als demokratische Freiheiten in der Schule, durch die nur zügellose Elemente unter den Schülern zu Schuldiktatoren erhoben würden. Wirkliche Schuldemokratie bewähre sich vielleicht in Berufsschule oder Oberschule, sei aber für die Grundschule nur Spielerei ... Die gesamte Elternschaft wünschte eine straffe Schuldisziplin, wie sie es aus ihrer Schulzeit gewöhnt war, ja, sie wünschte oftmals den Prügelstock wiederum als Erziehungsmittel.«[38] Sollten gegen einen solchen Widerstand die Schüler dennoch an einer Mitverwaltung der

Schule beteiligt werden, hatte das zur Voraussetzung, daß Lehrer, Eltern wie auch die Schüler selbst über die Ziele dieser Institution aufgeklärt wurden. Eine derartige Aufklärungsarbeit versprach dann am raschesten, Sperren und Hindernisse abzubauen, wenn man auf Modelle zurückgreifen konnte, die bereits in der Schule erprobt waren. Abgesehen von dem Bedürfnis nach einem einigermaßen sicheren Boden, fanden sich wieder Lehrer in der Schule ein, die vor der Zeit ihrer Maßregelungen durch das NS-Regime solche Modelle selbst erprobt hatten.[39] So hat man in der SBZ nichts anderes als auch in den anderen alliierten Besatzungszonen in Deutschland getan: Man griff auf die Gedanken und Erfahrungen zur Schülermitverwaltung zurück, die in der Weimarer Zeit entwickelt und gesammelt worden waren.

Nach den im April 1947 ergangenen Richtlinien »Vorbereitung zur Durchführung von § 6 f des Schulgesetzes: Schülervertretungen« wurde das Ziel der Schülerselbstverwaltung in erster Linie in der Erziehung zu demokratischer Gesinnung und Haltung gesehen. Worauf man seine Aufmerksamkeit beim Lesen dieser Richtlinien besonders lenken sollte, ist die abgestufte Funktion, die man der SMV innerhalb der Einheitsschule zugedacht hatte: »Erstreckt sie sich in den Jahren der Grundschule zunächst mehr nur auf eine Mithilfe in den Dingen der Disziplin, der Fürsorge und der Förderung des Gemeinschaftslebens unter Betreuung der Lehrer, so wird sie in ihren oberen Klassen auch die Selbstverwaltung und Selbsthilfe, in den Jahren der Berufs-, Fach- und Oberschulen auch die des Selbstunterrichts oder gar der Selbstgerichtsbarkeit pflegen können.«[40] Die einen Tag später als diese Richtlinien, aber ebenfalls im April 1947 erlassene Schulordnung, wies der SMV jetzt eine maßgebliche Funktion im Erziehungsprozeß zu; sie erklärte: »Die Erziehung in der Schule geschieht durch den Unterricht, das Gemeinschaftsleben und die Einrichtungen der Schülerselbstverwaltung.«[41] Die kräftigen Anstöße, die mit solchen Bestimmungen die Schulverwaltung zur Auseinandersetzung mit der SMV gegeben hatte, wurden durchaus aufgenommen. So hatte sich diesem Fragenkreis der im September 1947 in Leipzig abgehaltene II. Päd. Kongreß recht eingehend zugewandt und als Ergebnis seiner Diskussion unter den »Grundsätzen der Erziehung in der deutschen demokratischen Schule« u. a. aufgestellt: »Als ein wesentliches Mittel zu einer demokratischen Erziehung und zur Förderung der Selbsttätigkeit der Schüler sind Einrichtungen der *Schülerselbstverwaltung* eine unerläßliche Forderung der neuen Schule ... Der allmähliche Ausbau dieser Einrichtungen ist für die Entwicklung der Selbsttätigkeit, der Initiative und des Verantwortungsgefühls der Schüler ungeheuer wichtig. Dabei muß der Lehrer den Schülern anleitend, richtungsweisend und helfend zur Seite stehen. Eine enge Verbindung mit den Jugendorganisationen wird zur Belebung und Förderung der Schülerselbstverwaltung beitragen.«[42] An diesen Ausführungen fällt auf, daß der Schule empfohlen wurde, an ihrer Arbeit die Jugendorganisationen zu beteiligen, und zwar im Rahmen der Schülerselbstverwaltung. Zu jenem Zeitpunkt hatte man aber noch keineswegs daran gedacht, die Schülerselbstverwaltung in Schülergruppen der FDJ aufgehen zu lassen, vielmehr war damit beabsichtigt worden, die Organisationen der Schülerselbstverwaltung zu stützen. So versuchten die Schulen nach dem II. Päd. Kongreß auch Formen zu finden, in denen die Funktionen der Schülerselbstverwaltung optimal erfüllt werden konnten. Worin man sie sah, soll an einem Beispiel verdeutlicht werden, das die Schule einer kleineren Kreisstadt Thüringens für eine Grundschule – ihre Klassen 5 bis 8 – entwickelt hatte. »Vier von den Kindern gewählte und geeignete Mädchen, teilweise schon vom Schülerausschuß vorgeschlagen, wurden beauftragt, für Sauberkeit des Schulhofes zu sorgen, nicht indem sie Papier usw. aufheben, sondern indem sie die kleineren, teilweise auch die größeren Kinder zur Ordnung auf dem Schulhofe erziehen. Es wurde ausdrücklich durch Kinder selbst ... darauf hingewiesen, daß man sich diesen von allen Kindern Gewählten unbedingt freiwillig unterzuordnen hätte ... Weiterhin wurden auf Vorschlag des Schülerausschusses Kinder (je ein Knabe und je ein Mädchen) für die Sauberkeit der Aborte verantwortlich gemacht. Die gesamte Schulspeisung (Semmelaktion) wurde der Selbstverwaltung der Kinder übergeben, ... Erwähnenswert ist weiterhin der Beschluß, alle Zuspätkommer (ohne triftige Gründe) und Schulschwänzer in den Schulgemeindeversammlungen öffentlich zu rügen, liederlichen und vergeßlichen Kindern, die das Einkassieren des Semmelgeldes dauernd erschweren, einmal auf Kosten der Bedürftigsten die Semmel zu entziehen. Besonders beachtenswert ist der einstimmige Beschluß der Schülerversammlung, solche Kinder, die trotz Ermahnung den Unterricht dauernd stören, einmal einen vollen Tag vom Unterricht auszuschließen und den Eltern eine entsprechende schriftliche Mitteilung zukommen zu lassen ... Diese ›Befreiung‹ vom Unterricht würde für kein Kind unseres Volkstedt, eines Arbeitervorortes von Rudolstadt, eine Freude sein, sondern ein wahres Spießrutenlaufen, sofern es wagen würde, sich an diesem Tage auf der Straße sehen zu lassen. Ich halte es auch nicht für möglich, daß durch diese Art der Miterziehung durch die Mitschüler ein solcher Fall Wirklichkeit werden wird. Nur eines muß ich feststellen, nämlich, daß sich seit diesem Beschluß unserer Schulkinder die Disziplin merklich gebessert hat.«[43]

Wenden wir uns kurz den Gründen zu, die zur Auflösung der Schülerselbstverwaltung geführt haben. Sie sind in den Spannungen zu suchen, die mit der Zulassung von FDJ-Gruppen aufkamen, und können vor allem aus den gegenläufigen Meinungen, die zur Funktion der Schülerselbstverwaltung bestanden haben, entnommen werden. So ist u. a. in Nr. 1 »der neuen schule« zur Begründung für die Errichtung von Schülerausschüssen zu lesen: »Die Zeit des Kasernengehorsams ist endgültig vorbei. Jeder kann in Deutschland wieder seine Meinung sagen. Um dem Typ des Herrenmenschen, der über seine Untergebenen einfach befiehlt, ohne danach zu fragen, ob es richtig ist oder nicht, auszurotten, müssen wir Institutionen schaffen, wo die Rechte *aller* gewahrt werden. Bei den Arbeitnehmern ist dies durch die Gewerkschaften und den Betriebsrat bereits geschehen. Auch die Jugendlichen und die Lehrlinge haben in ihren Betrieben Vertrauensleute gewählt, die ihre Interessen vertreten. Wie sieht es aber in der Schule aus? Auch hier muß den Schülern eine Gelegenheit gegeben werden, ihre Klagen und Wünsche vorzubringen. Es wäre also dringend erforderlich, in allen Schulen Schülerausschüsse zu bilden.«[44] Es kann wohl keinem Zweifel unterliegen, daß in diesem Zusammenhang der Gedanke an eine Schülervertretung mit dem an eine Interessenvertretung der Schüler verknüpft worden war, wo es nicht in erster Linie darum gehen sollte, an Pflichten erinnert zu werden, sondern *Rechte* wahrnehmen zu können. Aus der Freien Schulgemeinde Wickersdorf, die nach 1945 wieder eröffnet worden war und die eine Schülerselbstverwaltung erneut aufbauen wollte, hieß es zwei Jahre später in einem kritischen Rückblick: »Die Schülerselbstverwaltung zeigt heute fast überall eine im Formalen steckengebliebene Entwicklungsstufe. Kennzeichnend für sie ist, daß es den Schülern in der Hauptsache darauf ankommt, sich das Recht zur Diskussion, zum Mitreden bei der Regelung von Fragen des Schullebens zu sichern. In diesem Stadium pflegen die Schülervertreter den Standpunkt einzunehmen, die Schülerselbstverwaltung sei dazu da, ›die Interessen der Schüler den Lehrern gegenüber zu vertreten‹ . . . Die Schülerselbstverwaltung muß also von dem Feldgeschrei: ›Wo bleiben unsere Rechte!‹ zur Frage übergehen: ›Wo liegen unsere Pflichten?‹ «[45]

Abschließend sei dargelegt, aus welchen Gründen man meinte, ihre Funktion wäre besser bei den Schulgruppen der FDJ aufgehoben und man deshalb die Schülervertretungen dann aufgelöst hatte. Zunächst ist trotz aller Kritik an der Schülerselbstverwaltung, wie sie aus heutiger Sicht angebracht und mitgeteilt worden ist, darauf aufmerksam zu machen, daß noch im Sommer 1948 eine gemeinsame Konferenz von der Deutschen Verwaltung für Volksbildung und dem Zentralrat der FDJ stattgefunden hatte, auf der an eine Aufhebung der Schülerselbstverwaltung in nächster Zeit nicht gedacht worden war.[46] Im Gegenteil, die hier entstandenen »Richtlinien für die organisatorische Festigung der Schulgruppen der FDJ«, veröffentlicht im November 1948, gingen weiter von einem Nebeneinanderbestehen der FDJ-Schulgruppen und der Schülervertretungen aus. Hinzugesagt werden muß, daß es zu diesem Zeitpunkt auch noch keineswegs gelungen war, die FDJ überall an der Arbeit in der Schule zu *interessieren,* wohl hauptsächlich deshalb nicht, weil man diese ihre Aufgabe längst nicht als allzu dringlich angesehen hatte. So heißt es in den Richtlinien: »Der Arbeit und der Entwicklung der Schulgruppen unseres Verbandes wird nicht überall die notwendige Aufmerksamkeit gewidmet. Die Gewinnung der lernenden und studierenden Jugend für die Sache der Demokratie ist eine schwierige, aber unerläßliche Aufgabe der FDJ.«[47] Dabei darf nicht vergessen werden, daß es ja ebenfalls Aufgabe der Schülerselbstverwaltung gewesen war – die Richtlinien hatten daran weiter festgehalten –, alle Arbeit darauf auszurichten, daß die Jugend für die Sache der Demokratie gewonnen werden konnte. Nach dem Gesagten bedarf es keines Nachweises mehr, daß sich auch die Schülerselbstverwaltung intensiv darum bemüht hatte, optimalere Lernerfolge zu erreichen. Wenn solche bekannten Appelle vom Zentralrat am 11./12. Dezember 1948 erneut veröffentlicht wurden – das Lernen sei Hauptaufgabe der Schüler mit der Konsequenz, »besser zu lernen, das allgemeine Bildungsniveau zu steigern und die Disziplin zu heben«[48] –, muß das den Eindruck erwecken, als seien für die Wahrnehmung jener Aufgaben lediglich die Zuständigkeiten gewechselt worden. Warum das aber erst so spät geschehen war, obwohl sich bereits – wie schon in anderem Zusammenhang erwähnt – seit Mitte 1946 der hemmende Einfluß der Schülerselbstverwaltung *deutlich* bemerkbar gemacht hatte, ist wenig verständlich. Noch weniger verständlich muß bleiben, daß man sich überrascht zeigte, wenn 1948 »die Schülervertretungen häufiger zum Sprachrohr reaktionärer Kräfte wurden und sich zu einer illegalen Jugendorganisation entwickelten«, und sich der Zentralrat der FDJ nicht viel früher als auf der genannten Dezember-Tagung »erstmals in einem gesonderten Tagesordnungspunkt ausführlich mit den Problemen der Jugendarbeit an den Schulen« beschäftigt hatte.[49] Interessant ist es dabei zu lesen, was als das Wirken »reaktionärer Kräfte« gewertet worden ist bzw. gewertet wird: »Wie berechtigt die Bedenken waren, die von verschiedenen Seiten gegen die Schülerausschüsse geäußert wurden, zeigen folgende Beispiele: In einer Beratung mit Schülervertretern des Landes

Brandenburg, die am 10. Dezember 1948 bei der Deutschen Wirtschaftskommission stattfand, äußerten Mitglieder von Schülerausschüssen, sie seien die einzig demokratisch gewählten Vertreter der Schülerschaft, und sie hätten daher das Recht, für die Schüler zu sprechen. In Leipzig beschlossen Schülerräte, in Zukunft jegliche Zusammenarbeit mit der FDJ abzulehnen.«[50] Unter der Voraussetzung, daß solche Beschlüsse einen starken Widerhall bei der Masse der Schülerschaft hätten finden und damit die Arbeit bzw. sogar die Existenz der FDJ-Schulgruppen hätten gefährden können – diese aber sollten gerade gestärkt und weiter aufgebaut werden –, blieb als Konsequenz nur übrig, die Schülervertretungen aufzulösen. Tatsächlich wurde auf einer gemeinsamen Konferenz der Volksbildungsminister der Länder am 18./19. Dezember diese Konsequenz auch gezogen.

1.3. Zur Organisation des Schulwesens

Um die Schulen nach dem totalen Niedergang des Deutschen Reiches wieder eröffnen zu können, mußte als erstes für eine funktionstüchtige Schulverwaltung gesorgt werden. Dabei reichte es nicht aus, soviel Anerkennung diesen Initiativen auch gebührte, wenn einzelne Gemeinden oder nur Schulen bemüht waren, die Kinder unmittelbar nach dem Eintreffen der Besatzungsgruppen einem geregelten Unterricht zuzuführen. Auf diesem Wege allein ließ sich ein Schulwesen und damit eine zielgerichtete Schularbeit nicht in Gang setzen. Die diesbezügliche Entscheidung allerdings lag – wie auch in den anderen Besatzungszonen – in der SBZ bei den zuständigen Stellen der sowjetischen Militärverwaltung. Im Unterschied zur amerikanischen und englischen Zone konnte sie nach längst vorbereiteten und bereits erstellten Plänen arbeiten.[51] Der erste Schritt, den die Sowjetische Militäradministration (SMAD) in diese Richtung setzte, bestand in der Anordnung, für die gesamte SBZ eine Reihe von Zentralverwaltungen zu schaffen. So führte der *Befehl Nr. 17* des Obersten Chefs der SMAD und Oberbefehlshabers der sowjetischen Besatzungstruppe in Deutschland aus: »Zwecks Entwicklung der Wirtschaft und Wiederherstellung des Verkehrs- und Nachrichtenwesens, der Gesundheitsfürsorge und Volkserziehung ... befehle ich: 1. Folgende deutsche Zentralverwaltungen sind in der sowjetischen Besatzungszone zum 10. 8. 1945 zu bilden: ... der Volksbildung – zur Leitung der Schulen, der Kinderheime und Kindergärten, der Lehranstalten sowie der anderen Bildungseinrichtungen: ... 2. Als Präsidenten der Zentralverwaltungen sind einzusetzen ... Volksbildung – Paul Wandel, ...«[52] Mag nun auch diesen Zentralverwaltungen keinerlei Gesetzgebungskompetenzen übertragen worden sein, so hatten sie doch dafür zu sorgen, daß die jeweiligen Länder und Provinzen *einheitliche* Anordnungen trafen. Diese Aufgaben konnten sie in der Weise erfüllen, daß sie den gesetzgebenden Körperschaften direkte (durch Richtlinien) oder indirekte Anregungen gaben, damit bestimmte Vorschriften erlassen wurden. Daß sie dabei einer engen Zusammenarbeit mit der SMAD verpflichtet waren, bedarf wohl keines besonderen Nachweises.

So ist es selbstverständlich, daß die ersten rechtlichen Grundlagen für die Wiedereröffnung der Schulen aus der Feder der SMAD stammten. Mit ihrem Befehl Nr. 40 ging sie davon aus, daß die Grob-Struktur des Schulwesens zunächst nicht verändert, vielmehr in den Formen weiterbestehen sollte, wie sie in der NS-Zeit entwickelt worden war. Die von der Zentralverwaltung zum Befehl Nr. 40 erlassenen Ausführungsbestimmungen erklärten unmißverständlich: »Die bestehenden Schulformen bleiben bis zu einer Neuregelung durch die Zentralverwaltung unverändert.«[53] Von den Schulformen werden dann ausdrücklich die »Volks-, Mittel- und höheren Schulen« genannt, wobei vor allem der Volksschule gleich zu Beginn recht intensive Bemühungen gegolten haben, um ihre Ansprüche und damit ihr Bildungsniveau zu heben.

Zunächst einiges zum Bild der Volksschule! Was die Grundschule betrifft, so geht aus den im Anschluß an den Befehl Nr. 40 mit seinen Ausführungsbestimmungen im September 1945 veröffentlichten Stundentafeln hervor, daß der Fächerkanon und die hierfür vorgesehenen Stundenzahlen nicht wesentlich geändert wurden: Deutsch und Heimatkunde wurden weiter als eine Fachgruppe angesehen mit geringfügigen Verschiebungen in der Stundenzahl, die Leibeserziehung – während der NS-Zeit ab 2. Schuljahr 3, im 4. Schuljahr 4 Stunden vorgesehen – wurde in allen 4 Klassen auf 2 Stunden reduziert. Den damit erzielten Gewinn, der noch um die 2 Stunden des entfallenen Religionsunterrichts – er zählte nicht mehr zum Fächerkanon der öffentlichen Schulen – vergrößert wurde, brachte man in einen verstärkten Rechen- und Werkunterricht ein. Ab 5. Schuljahr war eine Fremdsprache, und zwar entweder Russisch oder Englisch oder Französisch, obligatorisch zu unterrichten, eine Neuerung, die der deutschen Volksschule in diesem Ausmaß bisher unbekannt gewesen war. Inwieweit dafür allerdings die Voraussetzungen, vor allem bei den zur Verfügung stehenden Lehrern erfüllt waren, sei einmal dahingestellt. In jedem Fall hatten die Ausführungsbestimmungen damit eine erste Absicht verfolgt: Dort, wo diesbezügliche Schwierigkeiten vorhanden waren, mußte sofort an die Zentralverwaltung berichtet werden. Auch in der sog. Oberstufe der Volksschule wurde, besonders in der 7. und 8. Klasse, ein um $^2/_3$ der Stundenanzahl verstärkter Unterricht in Mathematik erteilt; in der 8. Klasse trat nun das Fach Physik mit 3 Stunden eigens auf. Im übrigen wurde die Frage eines weiteren Zugangs von der Volksschule zur Höheren Schule neu gelöst: »Für die 8. Klasse ist der Lehrplan so zu gestalten, daß durch wahlfreien Unterricht einer Fremdsprache und durch zusätzlichen Unterricht in Mathematik und Physik der Übergang auf die 2. Klasse der Aufbauschule erleichtert wird.«[54] Nach den bisherigen Bestimmungen erfolgte die Aufnahme in diese Schule spätestens nach der 7. Volksschulklasse; mit der neuen Regelung wurde eine noch engere Verbindung zwischen beiden Schulformen angestrebt.

Der höheren Schule blieben die beiden bisherigen grundständigen Formen erhalten: das Gymnasium und die Oberschule mit dem Naturwissenschaftlich-Mathematischen und dem Sprachlichen Zweig, allerdings im Gegensatz zur vorgesehenen Schuldauer während der NS-Zeit um ein Schuljahr wiederum so verlängert, wie es vor dem Erlaß der Richtlinien von 1938 der Fall gewesen war. Das Gymnasium, das ist zu unterstreichen, wurde wieder von seiner Sonderstellung befreit und gleichrangig neben die Oberschule gestellt. Die einschneidendste Neuerung, die mit dem Wiederbeginn des Unterrichts in den höheren Schulen eingeführt worden ist, bestand darin, daß die Schüler obligatorisch Russisch zu lernen hatten, und zwar in der Oberschule von der 3. Klasse, im Gymnasium von der 4. Klasse, in der Aufbauschule von der 1. Klasse an. Gleichfalls wurde der Religionsunterricht nicht in den Lehrplan aufgenommen, den Lehrern jedoch gestattet, ihn im Auftrage der Religionsgemeinschaften zu erteilen.

Wenn auch 1945 an die alte Struktur des Schulwesens angeknüpft worden war, bestand nicht die Absicht, daran allzu lange festzuhalten. Und so konnte bereits ein halbes Jahr nach Eröffnung der Schulen das »Gesetz zur Demokratisierung der deutschen Schulen« anordnen, daß eine Veränderung in Aufbau und Organisation des Schulwesens einzuleiten sei. Die Verordnung wurde damit begründet, daß die neue demokratische Schule frei sein müsse von allen Elementen des Militarismus, des Imperialismus, der Völkerverhetzung und des Rassenhasses. Die hieraus gezogene Folgerung lautete dann: »Sie (die Schule) muß so aufgebaut sein, daß sie allen Jugendlichen, Mädchen und Jungen, Stadt- und Landkindern, ohne Unterschied des Vermögens ihrer Eltern, das gleiche Recht auf Bildung und seine Verwirklichung entsprechend ihren Anlagen und Fähigkeiten garantiert.«[55] Man sollte nicht darüber hinweglesen, daß hier das »gleiche Recht auf Bildung« aus seiner Unabhängigkeit von der Vermögenslage der Eltern, jedoch seiner Abhängigkeit von Anlagen und Fähigkeiten verstanden, damit also von Anfang an ein Bekenntnis zum Leistungsprinzip abgelegt wurde, das dann bis heute die Arbeit in der Schule entscheidend beherrscht hat und weiter beherrscht.

Das Gesetz ging davon aus, daß die gesamte *schulische Erziehung* ausschließlich Angelegenheit des Staates war und Gestalt angenommen hatte in der *demokratischen Einheitsschule* als der Form des öffentlichen Erziehungswesens. Die demokratische

Einheitsschule umfaßte dann die »gesamte Erziehung vom Kindergarten bis zur Hochschule« und gliederte sich in ihre *Vorstufe* (Kindergarten) – Aufgabe: die Kinder zur Schulreife zu führen; Besuch nicht obligatorisch –, woran die *Grundstufe* (Grundschule) angeschlossen wurde. Sie war obligatorisch zu durchlaufen, beginnend mit Vollendung des 6. Lebensjahres, und besaß 8 Klassen mit dem keineswegs neuen, dafür aber bewußt die Naturwissenschaften gewichtenden Fächerkanon: Deutsch, Geschichte, Heimatkunde, Geographie, Biologie, Chemie, Mathematik, Fremdsprachen, Kunst- und Werkunterricht, Musik und Leibesübungen (§ 3). Gegenüber dem zurückliegenden Jahr sah das Gesetz ab 5. Schuljahr den verbindlichen Unterricht in einer Fremdsprache, ab 7. Schuljahr den in einer zweiten Fremdsprache sowie verstärkten Unterricht in Mathematik und den naturwissenschaftlichen Fächern vor. Daran hatte teilzunehmen, wer nach Abschluß der Grundschule die Oberschule besuchen wollte. Auf die Grundstufe baute eine *Oberstufe* auf, die es sich zum Ziel gesetzt hatte, auf verschiedenen Wegen eine systematische Weiterbildung zu ermöglichen und jeweils zur Hochschule zu führen. Zuerst nennt hiervon das Gesetz die Berufsschule, deren Besuch für alle Jugendlichen im Alter von 14–18 Jahren obligatorisch war, die die Grundschule beendet und keine andere Schule durchlaufen wollten; sie erstreckte sich auf 3 Jahre. Im Anschluß daran konnten Fachschulen besucht werden, die die der Oberschule gleichwertige Berechtigung, sich um die Aufnahme an einer Hochschule *zu bewerben,* verleihen konnten. – Der zweite Weg zur Hochschule eröffnete sich über den Besuch der nun *vierjährigen* Oberschule, zu deren eigenem noch der auf sie vorbereitende, verstärkte Unterricht in der 7. und 8. Klasse der Grundschule hinzuzurechnen war. – Der dritte Weg führte über ein breites Netz von Bildungseinrichtungen wie Abendschulen, Sonderkursen bei Volkshochschulen u. a., wodurch »den Angehörigen aller Schichten des Volkes die Möglichkeit zu geben (war), auch ohne Unterbrechung der Berufstätigkeit die zum Studium an einer Hochschule erforderlichen Kenntnisse zu erwerben«. (§ 3). Abgesehen davon, daß der Kern des Schulwesens durch das Schulgesetz neu strukturiert worden war – eine enge Verklammerung von Grund- und Oberschule – lagen seine Leistungen einmal in der Eingliederung der Kindergärten in das Schulwesen, zum anderen im vollen Einbezug der Landschulen in die Reformarbeit. Keineswegs hatte man sich etwa damit begnügt, diese beiden Anliegen lediglich in den Gesetzestext aufzunehmen, vielmehr ging man unverzüglich auch an die Lösung der Probleme heran.

Welchen Stellenwert man dabei den Kindergärten eingeräumt hatte, ist daraus zu ersehen, daß unmittelbar nach der Veröffentlichung des Schulgesetzes am 1. Juli 1946 die Deutsche Zentralverwaltung eigene Richtlinien für Kindergärten und am 26. Juli 1946 der Oberbefehlshaber der sowjetischen Besatzungstruppen in Deutschland einen besonderen Befehl über die Leitung der Arbeit in Kinderheimen erlassen hatten.[56] Nach den Richtlinien waren die Kindergärten für Kinder vom 3. bis 6. Lebensjahr bestimmt, und zwar mit der Aufgabe, »die körperliche und geistige Entwicklung der Kinder zu überwachen und ihre Erziehung durchzuführen. Dadurch« – so wird hieraus gefolgert und gleichzeitig damit das Ziel formuliert – »ermöglicht der Kindergarten die Teilnahme der Mütter am Produktionsprozeß und ihre Mitarbeit im öffentlichen Leben und in den Verwaltungen.«[57]

Dem zweiten Bereich, dem ohne Rücksicht auf die überall vorhandenen Schwierigkeiten intensive Anstrengungen gegolten haben, war das Landschulwesen. Was vom Schulgesetz eher als Fernziel hätte gemeint sein können, daß nämlich Stadt- und Landkindern das gleiche Recht auf Bildung zustand, war ganz im Gegenteil als unmittelbar verpflichtender Auftrag aufgefaßt worden. So veröffentlichte bereits am 21. Juni 1946 die Zentralverwaltung Richtlinien zur Durchführung der Schulreform auf dem Lande, die davon ausgegangen sind, daß eine Reform der Schule mit dem Ziel des Aufbaus einer Einheitsschule von vornherein zum Scheitern verurteilt sein mußte, wenn nicht bei einer Neugestaltung und Ordnung der Landschule begonnen wurde. Das angestrebte Ziel wiederholten die Richtlinien detaillierter: »Das Land hat berechtigten Anspruch auf eine gleichwertige, innere und äußere Gestaltung seines Schulwesens wie die Stadt.«[58] Als erste unerläßliche Voraussetzungen betrachtete man die Bereitstellung von Lehrern und – sofern wegen ungünstiger Verhältnisse die einklassige Schule zunächst weiter bestehen mußte – eine hinreichende Ausstattung mit Lehrmitteln: »Bei mehr als 40 Kindern wird in dorfeigenen Schulen sofort die zweite Lehrerstelle eingerichtet«; einklassige Schulen »müssen in der Belieferung mit Lehrmitteln, Büchern und kleinem Schulbedarf besonders bevorzugt werden«.[59] Für die Klassen 5 bis 6 wurde zwingend vorgeschrieben, daß Fachunterricht von *Fachkräften* zu erteilen sei, wobei man eher in Kauf zu nehmen bereit war, diese als sog. Wanderlehrer einzusetzen als auf einen kompetenten Fachunterricht zu verzichten und es beim früheren sog. Allround-Lehrer der Landschulen zu belassen. Wenn auch als letztes Ziel die Schaffung von Zentralschulen mit vollausgebauten Systemen gesehen wurde, blieb man sich bewußt, daß darauf nur schrittweise zugegangen werden konnte.

1.4. Zur Lehrplangestaltung

Mit der Wiederaufnahme der Arbeit in der Schule, die nach dem Befehl Nr. 40 der SMAD in den bisherigen Schulformen zu erfolgen hatte, stellte sich die Frage, welche Inhalte nun Gegenstand von Unterricht und Erziehung sein sollten. Der Befehl setzte voraus, daß den Lehrern neue Lehrpläne in die Hand gegeben werden mußten und ordnete an, sie innerhalb von drei Wochen über die Zentralverwaltung der Sowjetischen Militärverwaltung vorzulegen, eine Terminplanung, die nicht einzuhalten war. Gleiches galt für die Forderung, im Zusammenhang mit der Ausarbeitung von Lehrplänen Lehrbücher zum Druck vorzubereiten; unter Heranziehung der vor 1933 erschienenen Lehrbücher waren die für die Volksschulen bestimmten bis zum 10. September und die für die Oberschule bestimmten bis zum 1. Oktober 1945 der Militärverwaltung zuzuleiten. Um überhaupt zu einigermaßen vertretbaren und akzeptablen Ergebnissen zu gelangen, blieb nichts anderes übrig, als sich eng an bereits existierende Vorlagen zu halten; das konnte nur heißen, auf Lehrpläne aus der Zeit vor 1933 zurückzugreifen. In diese Richtung wiesen dann auch die o. g. Durchführungsbestimmungen der Deutschen Zentralverwaltung vom 25. August 1945. Sie rechneten grundsätzlich damit, daß für das erste Nachkriegsschuljahr in einer so kurz bemessenen Zeit lediglich Übergangslehrpläne zu schaffen waren, und gaben den Rat: »3. Die in den Lehrplänen festgesetzten Lehrziele sollen im allgemeinen den Leistungsstand anstreben, der vor 1933 in den Schulen gefordert wurde. 4. Bei dem Entwurf der neuen Lehrpläne sind im allgemeinen die Lehrpläne aus der Zeit vor 1933 als Grundlage zu benutzen. Jedoch erfordern die bitteren Lehren der Vergangenheit und der Katastrophe, in die Deutschland durch den Nazismus und Militarismus gestürzt wurde, eine unbedingte Abkehr von allen auch vor 1933 im Unterricht der deutschen Schulen vorhandenen imperialistischen und militaristischen Tendenzen und die folgerichtige Durchführung einer entschiedenen antifaschistisch-demokratischen Erziehung. Unter diesem politischen Gesichtspunkt sind die gesamten Lehrstoffe zu sichten und zusammenzustellen.«[60] Es spricht für sich selbst, daß hierbei das Hauptaugenmerk den Fächern Geschichte und Biologie gegolten hatte.

Man würde die seinerzeitigen Verhältnisse verkehrt einschätzen, wollte man meinen, daß ein zielgerichteter, an Lehrplänen orientierter Unterricht tatsächlich auch erteilt worden wäre. Die Schwierigkeiten, die doch größer gewesen waren, als es in Anbetracht der entwickelten Aktivität im Bereich der Lehrplangestaltung den Anschein haben mag, dürfen trotz aller Leistungen, die für das erste Nachkriegsjahr immer wieder lobend und anerkennend hervorgehoben werden, nicht ungesagt bleiben. G. Uhlig schreibt hierzu: »Die zentralen Pläne gelangten jedoch durchaus nicht bis zu allen örtlichen Schulverwaltungen und Schulen ... In den übrigen Ländern und Provinzen war die Situation kaum anders. Zahlreiche Schulräte, Schulleiter und Lehrer erhielten keine nähere Anleitung. Deshalb wurden an vielen Schulen mangelhafte Pläne aufgestellt, die den zentralen Richtlinien nur zum Teil entsprachen.«[61] Bewußt allerdings war man sich von Anfang an, daß die Schulreform abhängig blieb von einer inhaltlichen Reform, worauf Paul Wandel bereits auf dem I. Päd. Kongreß 1946 mit Nachdruck hingewiesen hatte: »Das Wesentliche unserer demokratischen Schulreform ist die Neugestaltung des Inhalts und nicht der Form der neuen Schule.«[62] Neben den Bestimmungen über die Neuorganisation des Schulaufbaus hatte das Schulgesetz vom Frühjahr 1946 in § 4 festgelegt: »Der gesamte Unterricht wird auf allen Stufen nach Lehrplänen erteilt, welche die Systematik und Wissenschaftlichkeit des Unterrichts gewährleisten und von der Deutschen Verwaltung für Volksbildung in der Sowjetischen Zone zu genehmigen sind.«[63] Rechtzeitig, d. h. noch vor Beginn des Schuljahres 1946/47 konnten am 1. Juli 1946 die dem veränderten Schulaufbau entsprechenden Lehrpläne für die Grund- und Oberschulen bekanntgegeben werden. Sie waren jedoch ebenfalls trotz aller Sorgfalt und Beratung, die man bei den Vorarbeiten auf sie verwandt hatte, lediglich »eine erste Zusammenfassung der neuen Unterrichtsaufgaben, die ständig weiter verbessert werden muß«.[64] Verbesserungen wurden auch laufend während der folgenden Jahre vorgenommen, bis 1951 eine Neubearbeitung größeren Umfangs vorgelegt werden konnte. Hier wird nur die erste Fassung berücksichtigt, und zwar interessieren einmal die grundsätzliche Absicht, die die Lehrpläne von 1946 verfolgt hatten, zum anderen einige Beispiele aus dem Fach Deutsch, Geschichte, Naturkunde und Alte Sprachen.

Was die grundsätzliche Absicht der Pläne betrifft, so wurden alle, obwohl sie nach Fächern getrennt ausgearbeitet worden waren, am gemeinsamen Schulziel orientiert, das in § 1 des Schulgesetzes lautet: »Die deutsche demokratische Schule soll die Jugend zu selbständig denkenden und verantwortungsbewußt handelnden Menschen erziehen, die fähig und bereit sind, sich voll in den Dienst der Gemeinschaft des Volkes zu stellen.« Hieraus ergab sich die Aufgabe, »die Jugend frei von nazistischen und militaristischen Auffassungen im Geiste des friedlichen und freundschaftlichen Zusammenlebens der Völker und einer echten Demokratie zu wahrer Humanität zu erziehen«.[65] Aus diesem gemeinsamen Ziel und der gemeinsamen Aufgabe folgte, daß die einzelnen Fachpläne als Teil eines mehr oder weniger geschlossenen Lehrplanwerkes verstanden wurden, mit dem sich dann insgesamt jeder Lehrer auseinanderzusetzen hatte: »Die Lehrpläne stellen ein Ganzes dar, nicht nur eine Zusammenfassung von Plänen. Zu ihrem Studium sind deshalb allgemeine Beratungen ebenso notwendig wie Fachberatungen.«[66] Sie hatten die Funktion, »dem Unterricht die Richtung zu weisen und ihn nach Zielsetzung, Gliederung und Zeitmaß so zu regeln, wie es dem Aufbau des Schulwesens, dem Lehrstoff und der Entwicklung des Schülers am besten entspricht. So verstanden, sind die Lehrpläne für Lehrer und Schüler verpflichtend«.[67] Den sicheren Weg, auf dem die jeweiligen Unterrichtsziele erreicht werden konnten, sahen die Lehrpläne in den von der Reformpädagogik entwickelten Methoden vorgegeben: »Die dabei anzuwendende Methode ist diejenige der Arbeitsschule. Auf veraltete Unterrichtsverfahren darf nicht zurückgegriffen werden.«[68] – Wie sah nun die Lehrplangestaltung im einzelnen aus?

Vorweg ist darauf aufmerksam zu machen, daß die zuständigen Fachkommissionen ihrer Arbeit zwar einen einheitlichen Rahmen zugrunde gelegt hatten, systematisch und im Gebrauch der Terminologie aber recht eigenwillig vorgegangen sind. So fällt u. a. auf, daß der Lehrplan für das Fach Deutsch, der – abweichend von der Strukturierung des Schulwesens nach dem Schulgesetz – den Deutschunterricht von den Grundschulen bis zu den Oberschulen entwickelt und drei *Stufen* unterschieden hat: die Unterstufe (1.–4. Klasse), *Mittelstufe* (5.–8. Klasse) und die Oberstufe (9.–12. Klasse der *Oberschulen*). Damit wurde zum Ausdruck gebracht, daß Grund- und Oberschulen als ein einheitliches Gefüge verstanden worden sind, im Gegensatz z. B. zu den Plänen für Mathematik, Physik und Chemie, die ihre Lehrstoffe auf die beiden Schulformen – Grund- und Oberschulen – verteilten, und Biologie, deren Kommission sich wiederum nur nach den aufsteigenden Klassen 5 bis 12 richtete. Im einzelnen sei folgendes hervorgehoben:

Zum Fach Deutsch: Der genannten Verteilung des Stoffes auf drei Stufen sind allgemeine Ausführungen vorangeschickt, die sich mit dem *Ziel,* der *Stoffauswahl,* der *Stoffbehandlung* und der sog. *Konzentration* des Deutschunterrichts beschäftigen, Fragenkreise, die bereits in früheren Lehrplänen, vor allem in denen, die seit der Weimarer Zeit in Gebrauch gewesen waren, immer wieder abgehandelt worden sind. Ähnlich, wenn auch nicht gleich, verfuhr die Kommission für das Fach Geschichte. Was das *Ziel* des Deutschunterrichts betrifft, so führt der Plan u. a. aus: »Er öffnet dem Schüler das Verständnis für die Muttersprache, ihr Leben und ihre Gesetzlichkeit, weckt die Liebe zu ihr und lehrt ihn, deutsch zu sprechen und zu schreiben. Er lehrt ihn lesen, weckt die Freude an der Dichtung und führt ihn ein in die Literatur der Vergangenheit und Gegenwart und läßt ihn innerlich teilnehmen an dem in ihr gestalteten Ringen um soziale Gerechtigkeit und Freiheit, um die Wahrung und Erhöhung der Menschlichkeit.« Dieses Ziel und die sich daraus ergebenden Aufgaben werden kurz danach nochmals in einer anderen Version wiederholt.[69] – Die *Stoffauswahl* bezieht sich auf die Bereiche *Sprachkunde, Ausdruckspflege und Stilkunde* sowie *Schrifttum,* das von der Frage aus betrachtet wurde: Welches wertvolle Schrifttum kann den Schülern unter Beachtung jugendpsychologischer Ansprüche angeboten werden? – Der Abschnitt *Stoffbehandlung* faßt eine Reihe von methodischen Forderungen an den Deutschunterricht, an deren Anfang konform mit dem Schulgesetz Empfehlungen zum vorrangigen Gebrauch des Arbeitsunterrichts stehen, zusammen. Dazu heißt es: »Der Unterricht ist grundsätzlich *Arbeitsunterricht* mit den ihm eigenen Formen der Aufgabenteilung, des Schülervortrags und der Gruppenarbeit.«[70] Zum Problem der sog. *Konzentration* wird gesagt, daß alle Fächer auf den Deutschunterricht bezogen seien, vor allem aber die Fächer Geschichte, Zeichnen und Musik wie auch die Fremdsprachen, woraus sachlich die Notwendigkeit einer Kooperation zwischen den jeweiligen Fachlehrern folge.

Zu den Fächern *Naturkunde und Mathematik:* Die Schulfächer des naturwissenschaftlichen Bereichs wurden bisher –

daran hielten auch die Lehrplangestalter der NS-Zeit und ebenfalls später die in den Ländern der drei Westzonen fest – in den Lehrplänen für Volks- und Mittelschulen mit dem Begriff *Naturkunde,* in denen für höhere Schulen mit dem Begriff *Naturwissenschaften* bezeichnet. Das Schulgesetz wählt sowohl für die Grund- als auch die Oberschulen einheitlich den Namen *Naturkunde* für die Fächer Biologie, Physik und Chemie. Ihre Pläne sind – ein wenig hiervon abweichend der Lehrplan für Biologie, der noch ein kurzes besonderes Kapitel *Hilfsmittel des Unterrichts* enthält – in die drei Abschnitte gegliedert: *Ziel, Methode, Lehrstoff.*

Das Fach *Physik* ist auf das Ziel ausgerichtet: »Seine Hauptaufgabe liegt in der geistigen Schulung und der dadurch vermittelten Charakterbildung. Der Physikunterricht soll zur kritischen Beobachtung, zum Erkennen von Ursache und Wirkung, zur logischen Verknüpfung einer Erkenntnisfolge erziehen, er soll peinliche Sauberkeit der Versuchsbedingungen beim Experimentieren, Ausrichten der Gedanken auf ein Ziel lehren und daran gewöhnen, das Wesentliche vom Unwesentlichen unterscheiden.« Jenes Endziel wird für die beiden Schulformen in Teilziele zerlegt: »Die Unterweisungen auf der *Grundschule* bilden den Unterbau für den Unterricht aller weiterführenden Schulzweige ... Auf der Oberschule besteht das Lehrziel ... darin, dem heranwachsenden Jugendlichen die Rolle der Physik als einer der Grundlagen unseres kulturellen Lebens bewußt zu machen.«[71] – Von den Erörterungen zur Methode ist vor allem hervorzuheben, daß Wert auf eine Verbindung zu anderen Fächern gelegt wurde.

In aller Kürze sei noch auf die Lehrpläne in den *Alten Sprachen* eingegangen, die mit einem Unterricht in Latein als sprachlicher Grundlehrgang bereits in den Klassen 7 und 8 der Grundschule begonnen hatten – von künftigen Schülern »der Gruppe A – (neu) sprachlich Begabte – *konnte* die Sprache, von Schülern der Gruppe C – altsprachlich Begabte – *mußte* die Sprache erlernt werden. (Gruppe B = mathematisch-naturwissenschaftlich Begabte.)« Zum Ziel des altsprachlichen Unterrichts überhaupt wird einleitend erklärt: »Der altsprachliche

Unterricht hat folgende Aufgaben: 1. Er lehrt die alten Sprachen so fest und gründlich, wie nur möglich und wirkt in dieser Hinsicht als eine Schule des Verstandes ... Im besonderen wird der Unterricht im Latein vermöge der einzigartigen logischen Strenge und Klarheit dieser Sprache zu einem hervorragenden Mittel des logisch exakten Verstandesgebrauchs. Der griechische Sprachunterricht erschließt den Reichtum an beweglichen geistigen Ausdrucksformen des Griechischen ... und leitet dazu an, allgemeine Gesetzlichkeiten am konkreten Einzelgebilde zu erfassen und von dorther zu abstrahieren. Der altsprachliche Unterricht bereitet zugleich für eine ganze Reihe von Wissenschaften vor, die die Vertrautheit mit dem Lateinischen und Griechischen unmittelbar erfordern.«[72]

Das Schulgesetz von 1946 hatte von Anfang an in die Reform des Schulwesens die Kindergärten miteinbezogen, unterstützt von den bereits genannten Bestimmungen der SMAD und den Richtlinien der Zentralverwaltung aus dem gleichen Jahr. Der Auftrag des Gesetzes erschöpfte sich jedoch nicht darin, die organisatorische Seite dieser Frage zu beantworten, sondern erstreckte sich weiter auf eine zielgerichtete, inhaltliche Ausgestaltung der Arbeit des Kindergartens: »Er hat die Aufgabe, die Kinder zur Schulreife zu führen.« (§ 3) Ebenfalls ließ sich hier nichts überstürzen, wiederum daraus zu entnehmen, daß das, was 1946 die Richtlinien in knapper Formulierung angeordnet hatten, 1948 mehr oder weniger ausführlich die »Grundsätze der Erziehung im deutschen Kindergarten« wiederholt haben. Als Teil der Einheitsschule wurde danach der Kindergarten dem gleichen Ziel – der allseitigen Ausbildung aller kindlichen Kräfte – verpflichtet, das er zu erreichen trachtete durch: »a) körperliche und hygienische Erziehung, b) Entwicklung der geistigen Anlagen und Befähigungen des Kindes, c) sittliche Erziehung, d) künstlerische Erziehung.«[73] Eher interpretierend als detailliert anweisend, wurden hierzu Erklärungen gegeben, in der Absicht zu verdeutlichen, daß die Erziehung im Kindergarten nach den entsprechenden Erkenntnissen der Wissenschaft zu planen war. Hingewiesen sei auf die Erläuterungen zur *sittlichen Erziehung*, wo es u. a. heißt: »Durch das gemeinsame Leben im Kindergarten erhalten die Fähigkeiten und Neigungen des Kindes die Möglichkeit zur Entfaltung und Entwicklung. Unter dem Einfluß der Erzieher wächst das Kind in die Gemeinschaft hinein, nimmt ihre Gepflogenheiten auf und erwirbt nach und nach die innere Bereitschaft zur Einordnung in die spätere Schulgemeinschaft. Damit erweist sich das Gemeinschaftsleben als unentbehrliche und wertvolle Hilfe für die sittliche Erziehung und sichert zugleich die individuelle Charakterbildung des Kindes durch die Entwicklung von Aufrichtigkeit, Beharrlichkeit, Bescheidenheit, Rücksichtnahme und Lebensfreude.«[74]

1.5. Zur Festigung der demokratischen Schulreform

Weder war beabsichtigt, noch war zu erwarten, daß mit der Veröffentlichung des Schulgesetzes und der Lehrpläne bereits ihre Umsetzung in den Schulen als gesichert gelten konnte, vielmehr mußten in den folgenden Jahren alle Anstrengungen auf den Umsetzungsprozeß verwandt werden. Immer wieder wurden Bilanzen gezogen, wurde Kritik geübt, appelliert; das alles läßt sich besonders anschaulich an den Verlautbarungen maßgebender Stellen ablesen.

So konnte der II. Päd. Kongreß 1947 zwar davon ausgehen, daß die organisatorische Umgestaltung des Schulwesens, die Zusammenfassung der verschiedenen Schularten zum System der Einheitsschule, im großen und ganzen abgeschlossen sei[75], keineswegs aber davon, daß die Arbeit nach den Lehrplänen schon befriedigend verlaufen wäre. Im Gegenteil, man blieb recht unsicher, ob man überhaupt das Bildungsgut angemessen ausgewählt habe und nicht die Widersprüche, die einerseits aus den Ansprüchen des Individuums auf Entwicklung seiner Kräfte, andererseits der Forderung der sozialen Gemeinschaft auf Einordnung und Leistung erwuchsen, fast unlösbar seien. Deshalb suchte man nach neuen Wegen zur Bestimmung des Bildungsgutes, obwohl es doch gerade erst in Lehrplänen zusammengestellt worden war.[76]

Der III. Päd. Kongreß 1948 betonte zunächst, daß die Durchführung der Schulreform gute Fortschritte gebracht habe, das Interesse der Öffentlichkeit und ihre Mitarbeit am Aufbau der Schule gewachsen sei, und vor allem die Landschulreform im strukturellen Bereich habe fortgesetzt werden können. Als Aufgaben für das nächste Jahr wurden genannt: »1. Die Verstärkung der Bemühungen um die Erziehung der deutschen Jugend im Geiste des Schulgesetzes und des Erziehungsprogramms, besonders auf der Oberstufe; . . . 3. die weitere Erhöhung des Leistungsstandes durch die Einrichtung von Zentralschulen oder ihrer Vorformen und durch methodische Maßnahmen.«[77]

Am meisten Schwierigkeiten schien es zu bereiten, die nach den Lehrplänen in allen Schulen – Stadt- und Landschulen – geforderten Leistungen gleichermaßen zu erreichen. Ein Mittel, von dem man sich einen größeren Erfolg als bisher versprach, war die Einführung von Abschlußprüfungen am Ende der 8. Grundschulklassen, wie es der diesbezügliche Erlaß aus dem Jahre 1949 ausdrückte: »Die Durchführung der Grundschulprüfungen ist eine neue Etappe der Demokratisierung der deutschen Grundschule, die das Ziel einer weiteren Verbesserung der Qualität der Erziehung und des Unterrichts verfolgt.«[78] Von den Äußerungen der SED zur Schulreform war neben den »Schulpolitischen Richtlinien«, die der Parteivorstand im August 1949 beschlossen hatte, die ihnen im Januar 1949 vorausgegangene »Entschließung der 1. Parteikonferenz« zur Durchführung der kulturellen Aufgaben im Rahmen des Zweijahresplanes von besonderer Bedeutung. Diese Aufgaben wurden im Zusammenhang mit der »Entwicklung einer vom Imperialismus unabhängigen deutschen Friedenswirtschaft« gesehen.[79] Mit Nachdruck betonte die Konferenz: »Die allgemeine Bildung der Kinder ist durch quantitative und qualitative Leistungssteigerung der Lehrer und Schüler zu heben, die wissenschaftliche Qualität des Unterrichts ist zu verbessern.«[80] Im übrigen war man offensichtlich nicht der Überzeugung, daß die Voraussetzungen zur Erfüllung des Lehrplans gesichert wären und forderte deshalb die Ausbildung und Weiterbildung künftiger bzw. bereits im Dienst befindlicher Lehrer.

2. Die sozialistische Umgestaltung des Schulwesens in der DDR (1949–1962)

2.1. Von der allgemeinbildenden Schule zur allgemeinbildenden polytechnischen Oberschule

Die Struktur des Schulwesens hatten die Länder durch ihre Schulgesetze 1946 nach den Richtlinien der Deutschen Zentralverwaltung in fast gleichlautenden Texten einheitlich so festgelegt, daß man nur noch von *dem* »Gesetz zur Demokratisierung der deutschen Schule« sprach und schrieb. Obwohl zunächst dafür bestimmt, die historische Periode der antifaschistisch-demokratischen Umwälzung mit Hilfe von Unterricht und Erziehung gestalten zu können, hatte dieses Gesetz die maßgebliche Orientierungsgrundlage für die Bestimmungen des Abschnittes »Erziehung und Bildung« der ersten Verfassung der DDR vom Oktober 1949 abgegeben, welche die zweite historische Periode, die Periode der sozialistischen Umgestaltung der DDR, eingeleitet hatte. Blieben damit zwar *formal* Teile des Schulgesetzes von 1946 gut 20 Jahre als Bestandteil der Verfassung, die 1968 ersetzt wurde, in Kraft, so waren sie aber *materiell* bereits seit der Bekanntmachung des »Gesetzes über die sozialistische Entwicklung des Schulwesens in der DDR« (1959), der neuen rechtlichen Grundlage für die veränderte Gestalt der Schule, fast restlos überholt worden. Zunächst seien die am Anfang der zweiten historischen Entwicklungsperiode stehenden verfassungsrechtlichen Bestimmungen von 1949 charakterisiert. Es sollte im Hinblick auf die Ergebnisse dieser Periode, die sozialistische Umgestaltung der Schule als Grundlage für den planmäßigen Aufbau des Sozialismus in der DDR nicht verschwiegen werden, daß sich die Regelung von Bildung und Erziehung der Verfassung von 1949[81], abgesehen von Verbindungen zum Schulgesetz, eng an die entsprechenden Vorschriften der Weimarer Verfassung (WV) angelehnt hat.[82] In der systematischen Anordnung nämlich folgen die Art. 34 bis 40 (DDR) weitgehend den Art. 142 bis 150 (WV). Wie beide

Verfassungen den Abschnitt »Erziehung und Bildung« (DDR) bzw. »Bildung und Schule« (WV) in fast wortgleicher Formulierung mit der Garantie der Freiheit für Kunst, Wissenschaft und Lehre beginnen, so beschließen sie ihn auch mit Aussagen zum Religionsunterricht. Während allerdings die Verfassung von 1919 noch erklärte, der Religionsunterricht sei ordentliches Lehrfach der Schulen – die Verfassungen der Länder der Bundesrepublik hielten nach 1945 wie auch Art. 7, Abs. 3 des Grundgesetzes daran fest – übernahm Art. 40 (DDR) wörtlich die Bestimmung aus § 2 des Schulgesetzes von 1946 und formulierte: »Der Religionsunterricht ist Angelegenheit der Religionsgemeinschaften. Die Ausübung des Rechtes wird gewährleistet.« Daß die materielle Gestaltung der Verfassungsnormen sich im übrigen nach den Verhältnissen richteten, die der neu gegründete und darauf aufbauende Staat vorgefunden hatte, spricht für sich selbst. Die Bestimmungen über den Aufbau des Schulwesens, verankert in Art. 38, lassen erkennen, daß sie im Vergleich zu § 3 des Schulgesetzes auf eine ganze Reihe von Einzelheiten verzichtet und damit den Stand von 1946 überholt haben. So wurden lediglich die drei Schulformen Grundschule, Berufs- mit Fachschule und die Oberschule genannt, ihre aufeinander bezogene Stufe aber ungesagt vorausgesetzt. Zweierlei fällt dabei besonders auf: einmal, daß die Vorstufe – der Kindergarten – nicht mehr erwähnt wurde, zum anderen, daß man den Zugang zur Hochschule *in der Regel* über die Oberschule erwerben mußte. Allerdings konnten auch »andere öffentliche Bildungsanstalten« zu diesem Ziele führen.

Deutlich ist hier gegenüber den zurückliegenden Jahren ein Fortschritt in bezug auf die Erhebung von Schulgeld zu erkennen. Während noch nach dem als Anlage zum Befehl Nr. 49 der SMAD veröffentlichten »Statut der Berufsschulen in der SBZ« vom Februar 1946 sogar für den Besuch dieser Schulen ein Schulgeld erhoben werden sollte[83], heißt es in Art. 39, Abs. 2 der Verfassung von 1949: »Es besteht Schulgeldfreiheit. Die Lernmittel an den Pflichtschulen sind unentgeltlich.«[84] Diese Erklärung hatte jedoch offensichtlich nicht die Funktion, die beabsichtigte Änderung sogleich herbeizuführen, vielmehr verstand sie sich als längerfristiges Programm, das erst ab 1. Januar 1957 aufgrund einer eigenen ministeriellen Anordnung *teilweise,* nämlich nur hinsichtlich des Schulgeldes, erfüllt werden konnte.[85] In diesem Zusammenhang sei darauf hingewiesen, daß die heute geltende Verfassung von 1968 nicht mehr das Ziel verfolgt, die Lernmittelfreiheit an allen Pflichtschulen uneingeschränkt einzuführen. Sie setzt nämlich voraus, daß grundsätzlich die Familie ihre Kinder mit Lernmitteln zu versorgen habe und künftig das Einkommen entsprechend zu bemessen sei, wie aus dem Kommentar zur Verfassung zu entnehmen ist: »Es gibt noch für eine gewisse Übergangszeit Familien und besonders alleinstehende Mütter, aber auch Familien mit vielen Kindern, denen es nicht leicht fällt, ihre Söhne und Töchter bis zum 10. Schuljahr zu versorgen. Damit alle Kinder und Jugendlichen ihre gleichen Bildungs- und Entwicklungschancen wahrnehmen können, ... wird im Abs. 2 verfassungsrechtlich festgelegt, daß Ausbildungsbeihilfen und Lernmittelfreiheit nach sozialen Gesichtspunkten zu gewähren sind.«[86] Für solche Fälle hatte allerdings auch die Weimarer Verfassung in Art. 146, Abs. 3 Zusagen gegeben, wonach bestimmt wurde, »Für den Zugang Minderbemittelter zu den mittleren und höheren Schulen sind durch Reich, Länder und Gemeinden öffentliche Mittel bereitzustellen, insbesondere Erziehungsbeihilfen für die Eltern von Kindern, die zur Ausbildung auf mittleren und höheren Schulen für geeignet erachtet werden, bis zur Beendigung der Ausbildung.«

Ein grober Vergleich des Schulaufbaus, wie ihn die Verfassung in der für künftige Entwicklungen durchaus offenen Form vorgesehen hatte, mit dem, wie er im Schulgesetz vom Dezember 1959 niedergelegt wurde[87], zeigt, daß sich das allgemeinbildende Schulwesen gewandelt hat. Nach einer Entwicklung von 10 Jahren ist nicht mehr von der »Grundschule« als Pflichtschule die Rede, sondern von der »zehnklassigen allgemeinbildenden polytechnischen Oberschule«; die weiterführende »Oberschule« heißt nun »12klassige allgemeinbildende polytechnische Oberschule«, auch kurz »erweiterte Oberschule« genannt. Die einschneidende Veränderung bestand darin, daß der für alle Kinder pflichtmäßige Besuch der *allgemeinbildenden* Schule um zwei Jahre verlängert worden war. So schrieben die Bestimmungen zur Schulpflicht in der DDR von 1959, die das Schulpflichtgesetz von 1950 abgelöst hatten, vor: »Die allgemeinbildende Schule für alle Kinder in der Deutschen Demokratischen Republik ist die zehnklassige allgemeinbildende polytechnische Oberschule . . . Für diese Schule besteht allgemeine Schulpflicht.«[88] Allerdings bedeutete diese Regelung erneut in erster Linie mehr Auftrag und Programm als unmittelbare Gestaltung der Verhältnisse, die der Gesetzgeber seinerzeit vorgefunden hatte; er schränkte nämlich ein: »Nach Errichtung der Oberschule für alle Kinder in den einzelnen Bezirken und Kreisen besteht für den Bereich der betreffenden Bezirke und Kreise allgemeine Schulpflicht für den Besuch dieser Schule . . .«[89] Keinen Einfluß hatte die Verlängerung der Schulzeit für die Pflichtschule auf die Organisation der Wahloberschule, die weiterhin mit der *neunten* Klasse begann und erst später um zwei Jahre gekürzt worden ist. Es drängt sich jedoch die Frage auf, ob diese Entwicklung von der 8klassigen Grundschule über die 10klassige Oberschule zur 12klassigen Erweiterten Oberschule nicht über Zwischenstufen geführt hat. Um es kurz zu sagen: Das ist der Fall gewesen! So erwähnt das Schulpflichtgesetz von 1950 eine sog. Zehnklassenjahresschule, die Schulpflichtbestimmungen von 1959 dagegen eine Mittelschule, die jedoch vom gleichen Jahr ab nicht mehr weitergeführt wurde. Was nun hatte es mit diesen beiden Schulformen auf sich, die innerhalb von 10 Jahren aufeinander gefolgt sind?

Was die Zehnklassenjahresschule bzw. Zehnklassenschule – wie man sie meistens bezeichnet hatte – betrifft, schreibt hierzu eine Abhandlung zum Schulrecht und zur Schulverwaltung in der DDR von 1952, daß sie in direktem Zusammenhang mit der Einrichtung von Mittelschulen zu sehen sei: »Der Entwicklung der Mittelschulen gingen Versuche mit einer ›Zehnklassenschule‹, auch ›Zehnjahresschule‹ genannt, voraus, ohne daß diese Schularten durch Normativakt besonders eingeführt wurden. In mehreren Anordnungen und Anweisungen wurden sie nach ihrer tatsächlichen Einrichtung namentlich miterfaßt.«[90] Die Anregung, das bisherige Schulwesen auf diese Weise zu erweitern, ging auf einen Beschluß des III. Parteitags vom Juli 1950 zurück, der im Zusammenhang mit der Einführung des ersten Fünfjahresplanes (1951–1955) erklärte: »Das Studium der Arbeiter- und Bauernkinder sowie der Kinder der Geistesschaffenden an Fach- und Hochschulen ist zu fördern, eine neue fortschrittliche Intelligenz heranzubilden, ... das Schulwesen durch Einführung der Zehnklassenschulen in allen Städten und Industriezentren weiterzuentwickeln ...«[91]

Die Notwendigkeit, eine Schulform einzuführen, die über das Grundschulniveau hinausging und in dem Streben der Arbeiter- und Bauernkinder nach einem höheren Grad von Allgemeinbildung gesehen wurde, ließ sich nicht zurückdrängen. Dieses Streben wiederum verstand sich aus dem sprunghaft zunehmenden Tempo des seinerzeitigen wirtschaftlichen Entwicklungstempos, das – wie es Horst Löbner formulierte – »sogar schneller (ist), als im Fünfjahresplan vorgesehen war. Unsere Aktivisten und Neuerer haben unermüdlich nach neuen Wegen gesucht, um noch schneller und besser zu produzieren«.[92] Die damit anfallenden neuen Aufgaben machten es erforderlich, für die Ausbildung sog. mittlerer Kader in Wirtschaft, Verwaltung und Volksbildung zu sorgen, die sowohl über eine gute Allgemeinbildung als auch Fachkenntnisse verfügten. Beide Forderungen hinreichend zu erfüllen, waren weder die Grundschulen noch die Oberschulen imstande, diese nicht, weil sie als Einrichtungen, die zum Hochschulstudium vorbereiteten, in den 9. und 10. Klassen »schon Stoff (bieten), der für diese mittleren Funktionen unnütz ist«, jene nicht, weil sie für mittlere Kader einen »Mangel an Kenntnissen in den Naturwissenschaften« ließen.[93] 1954 nahm der IV. Parteitag Gelegenheit, an das weithin unbeachtet gebliebene Vorhaben zu erinnern. Im Bericht des ZK der SED erklärte Walter Ulbricht: »Auf Beschluß des III. Parteitages wurden Zehnklassenschulen geschaffen, die jedoch durch Fehler des Ministeriums für Volksbildung nicht die notwendige Förderung erhielten. Es ist notwendig, aufs neue zu beginnen, eine durchdachte zehnklassige Schulbildung zur Ausbildung des mittleren Kadernachwuchses für alle Zweige der Volkswirtschaft zu organisieren.«[94] Nun hatte auch die Verwaltung kräftig und ganz bewußt dazu beigetragen, diese Schulen wieder abzuschaffen, schrieb doch die »Verordnung über die Reorganisation der allgemeinbildenden Schulen« vom Mai 1953 vor: »Die beiden Formen der Oberstufe der allgemeinbildenden Schulen (die Oberschule und die Zehnklassenschule) werden zu einer Schulform, der Oberschule, vereinigt.«[95] Aufgrund der Verlautbarungen des IV. Parteitages ging das Ministerium für Volksbildung wiederum daran, eine Entflechtung der Zehnklassenschulen von den Oberschulen zu betreiben. Auffallend ist daran die Bestimmung, daß Zehnklassenschulen in der Regel an vollausgebauten Grund- oder Zentralschulen anzuschließen waren (§ 2), eine Regelung, die aus der ersten Gründungszeit bekannt war und auf die wiederum zurückgegriffen wurde.

Was den Fächerkanon der neuen Schulform betrifft, so fand er nach der amtlichen Stundentafel für ihr Gründungsjahr 1951 Anschluß an die sog. B-Klassen der Oberschule, die für die mathematisch-naturwissenschaftlich begabten Schüler bestimmt waren.[96] Dabei stellte sich dann heraus, daß dieser Anschluß eine vollständige Angleichung einschließlich sowohl der fehlenden zweiten Fremdsprache – in den B-Klassen der Oberschule war sie erst ab der 11. Klasse vorgesehen – als auch der Anzahl der Wochenstunden in den einzelnen Fächern bedeutete. Unverkennbar sind jedoch auch die vorgenommenen Änderungen. Sie betreffen einmal die Anordnung der Unterrichtsfächer im gesamten Kanon, zum anderen die Einführung neuer Fächer, z. T. die Streichung von Fächern, zum dritten eine Verschiebung in der Wochenstundenzahl, die sich von bisher insgesamt 32 im Jahre 1951 auf 33 erhöhte. War seinerzeit die Reihenfolge von Deutscher Sprache und Literatur, Russisch, Geschichte, Gegenwartskunde, Erdkunde, Mathematik, gefolgt von den naturwissenschaftlichen und musischen Fächern, so lautete die neue Rangfolge: Deutsch, Geschichte, Russisch, Mathematik, daran anschließend die naturwissenschaftlichen und musischen Fächer. Das Fach Gegenwartskunde fand keine

Berücksichtigung mehr, dafür kamen neu hinzu: Werkunterricht (3 Std.), Geometrisches Zeichnen (1 Std. in der 10. Klasse) und Stenographie (1 Std.). Die Frage, inwieweit u. a. dabei einem polytechnischen Unterricht Rechnung getragen werden sollte, ist später zu beantworten. Die drei neu in den Kanon aufgenommenen Fächer erhielten ihr Stundensoll auf Kosten der Fächer Geschichte (–1), Russisch (–1), Gegenwartskunde (–1) und in der 10. Klasse Zeichnen (–1) wie auch Gesang (–1); beide entfielen hier ganz. Die im Vergleich zur 9. Klasse zunächst damit um eine Stunde verringerte Wochenstundenzahl wurde dem Fach Chemie gutgeschrieben, das in der 9. Klasse 2 Std., in der 10. Klasse 3 Std. unterrichtet werden sollte. Ursprünglich war nicht daran gedacht, die Zehnklassenschulen zu ermächtigen, nach Ablegung einer Abschlußprüfung eine sog. mittlere Reife zu verleihen, obwohl gerade Eltern vielfach einen solchen Wunsch geäußert zu haben schienen. Wäre er an Oberschulen erfüllt worden, hätten sie wiederum überzeugender einen vorzeitigen Abgang ihrer Kinder aus den Oberschulen – der ja dann mit dem Erwerb einer Berechtigung verbunden gewesen wäre – begründen können, mag auch bei jenem Wunsch das Bestreben mitgespielt haben, die Kosten für das Schul- und Lernmittelgeld möglichst zu verringern. Hierzu schreibt Löbner: »In den Köpfen der Eltern spukte noch der Gedanke an die sogenannte ›Mittlere Reife‹, so daß sie für ihre Kinder nur eine zweijährige weitere Schulausbildung wünschten, um der größeren finanziellen Belastung auszuweichen. Denn auch die Gewährung von Schulgeldfreiheit und Unterhaltsbeihilfen vermag nicht vollständig, die durch den Schulbesuch entstehenden Kosten zu decken.«[97] Entgegen diesem anfangs vertretenen Standpunkt erteilte dann die »Verordnung der Regierung der DDR zur Verbesserung der Arbeit der allgemeinbildenden Schulen« vom März 1954 die Weisung: »Für die Absolventen der 10. Klassen der vollausgebauten und nicht vollausgebauten Oberschulen ist eine Prüfung der mittleren Reife einzuführen, die als Grundlage für den Übergang an Fachschulen dient.«[98] Die gleiche Berechtigung zu verleihen, hatte die o. g. Bestimmung zur Umwandlung von Oberschulen ebenfalls den Zehnklassenschulen ermöglicht. Wie seinerzeit die Mittelschule in Preußen ihre Aufgaben darin gesehen hatte, Funktionen wahrzunehmen, die von der Volksschule nicht wahrgenommen werden konnten, so galt das analog zunächst auch für die Zehnklassenschulen gegenüber den Grundschulen. Jedoch sollten künftig – und darin zeigte sich eine neue bildungspolitische Perspektive – aus den Zehnklassenschulen Pflichtschulen hervorgehen mit einer obligatorischen Schulpflicht von 10 Jahren. Zuvor aber behielten die Zehnklassenschulen noch den Status einer weiterführenden Wahlschule neben den Oberschulen bei, wurden allerdings – kurz nachdem die Stundentafel für Zehnklassenschulen im Juli 1955 bekanntgegeben worden war – im August 1955 in *Mittelschulen* umbenannt: »Mit sofortiger Wirkung« – so die Verfügung – »erhalten die Schulen mit zehnklassiger Ausbildung die Bezeichnung *Mittelschulen*.«[99] Und was man seinerzeit den Mittelschulen in Preußen an besseren äußeren Bedingungen zugebilligt hatte, wurde ihnen auch in der DDR gewährt. So sah z. B. ein Erlaß vom August 1955 vor, daß die Klassenfrequenz in den Mittelschulen im Bereich der allgemeinbildenden Schulen am günstigsten festzusetzen war: Die Schülerzahl sollte hier 24, in den Oberschulen 26, in den Grundschulen dagegen 32 betragen.[100]

Zum Schluß sei nicht vergessen, daß es nicht an Zweifeln daran gefehlt hatte, ob der seit 1946 eingeführte Schulaufbau nicht wieder hätte rückgängig gemacht werden sollen. So heißt es z. B. in einer Entschließung, die die Parteiorganisation der SED am Institut für Pädagogik der Universität Leipzig im November 1957 faßte: »Ausgehend von diesen grundsätzlichen Erwägungen müssen wir die Vorschläge . . . entschieden ablehnen, die darauf hinauslaufen, die einheitliche Grundschule auf sechs Jahre zu reduzieren und für die Klassen 7 bis 10 zwei verschiedene allgemeinbildende Schulen nebeneinander bestehen zu lassen: die Oberschule für die befähigten und die Mittelschule für die weniger befähigten Schüler . . . Es ist möglich, daß durch eine Aufspaltung der Grundschule ab Klasse 7 die Oberschule ihre Erziehungsarbeit vertiefen und erfolgreicher gestalten könnte. Es ist wahrscheinlich, daß sie eine gründlichere und vielleicht auch umfangreichere Bildung vermitteln würde. Es ist aber sicher, daß sich nach der Einführung der allgemeinen obligatorischen Mittelschulbildung mit Abschluß des 10. Schuljahres eine kleine Schicht von Oberschülern mit gehobener Bildung und die Masse der Mittelschüler mit einer Allgemeinbildung von niedrigerem Niveau gegenüberstehen würden. Das widerspricht den Absichten der Partei und steht im Gegensatz zu unseren revolutionären Traditionen auf dem Gebiet der Schulpolitik.«[101]

2.2. Gestaltung und Umgestaltung des Lehrplanwerkes

Was Paul Wandel 1946 auf dem Päd. Kongreß unterstrichen hatte, daß nämlich der Kern der Schulreform der ehemaligen SBZ die *inhaltliche* Neugestaltung der Schule ausmachen würde, behielt auch in der Folgezeit volle Geltung und wurde durchaus bei allen weiteren Bemühungen beherzigt. Dabei sollte, vor allem im Zusammenhang mit den ergangenen Anordnungen und Anweisungen zur Organisation von Unterricht und Erziehung an Lehrer und Schulleiter, beachtet werden, daß diese Maßnahmen nicht gesondert von den neu herausgegebenen Lehrplänen, sondern vielmehr auf sie bezogen gesehen werden müssen. Und da es keineswegs leicht gefallen war, ein Lehrplanwerk, das der historischen Epoche der sozialistischen Umgestaltung der Schule angemessen war, zu konzipieren, konnten auch die Aufgaben von Unterricht und Erziehung in der Schule nur unter großen Schwierigkeiten in Angriff genommen werden. Daß dennoch ständig an den Lehrplänen gearbeitet wurde, beweisen die sehr zahlreichen größeren und kleineren Änderungen an ihnen, durchgeführt in der Regel zu Beginn eines jeden neuen Schuljahres. Sie machen es einem nicht leicht, sich einen Durchblick und Überblick über den Zeitraum von 1951 bis 1959, an dessen Anfang wie auch Ende jeweils ein Lehrplanwerk für alle Klassen der allgemeinbildenden Schulen der DDR geschlossen erstellt worden war, zu bewahren. Ein Einschnitt innerhalb dieses Zeitraumes läßt sich 1955/56 legen, waren doch in diesen beiden Jahren einmal die Konsequenzen aus der Kritik der Ministerrats-Verordnung von 1954 zur Verbesserung der Arbeit der allgemeinbildenden Schulen gezogen worden, zum anderen hatte das Ministerium für die Mittelschule neue Pläne veröffentlicht. Da die Lehrplanarbeit in der ersten Hälfte des genannten Zeitabschnittes vorwiegend aus Kürzungen der Lehrpläne von 1951 bestand, die mit sog. Direktiven von 1956 zu diesen Lehrplänen abgeschlossen wurde, soll durch einen Vergleich vorrangig von Plänen aus den Jahren 1951 und 1959, ausgewählt nach den Fächern Deutsch, Chemie und Alte Sprachen, versucht werden, die Veränderungen von knapp einem Jahrzehnt zu erfassen, die in den drei bzw. zwei (1959) Formen des allgemeinbildenden Schulwesens – der Grund-, Zehnklassen-/Mittelschulen und Ober-/Erweiterten Oberschulen – stattgefunden hatten.

Zum Fach Deutsch: Anders als die Gliederung des Lehrplans aus dem Jahre 1946 hatten sich die zuständigen Mitarbeiter des 1949 gegründeten Deutschen Pädagogischen Zentralinstituts (DPZI), dem die Ausarbeitung aller neuen Lehrpläne von 1951 übertragen worden war, nicht von der Gliederung nach Schulstufen leiten lassen, sondern für jede *Schulform* getrennt einen eigenen Lehrplan vorgelegt. Er ist jeweils in zwei Abschnitte geteilt: die *Vorbemerkung* und den sich daran anschließenden *Stoffplan.* Wortgleich beginnen die beiden Pläne für die Grund- bzw. Oberschule ihren ersten Abschnitt: »Unsere Muttersprache ist die Sprache der ganzen deutschen Nation . . ., das gesamte Leben unserer Nation spiegelt sich in unserer Muttersprache wider und bestimmt ihren Charakter. Darum ist die deutsche Sprache das feste Bindeglied zwischen allen deutschen Patrioten. Ihre Bedeutung wächst in der gegenwärtigen Zeit, in der die Unabhängigkeit und der nationale Bestand unseres Volkes aufs äußerste gefährdet sind. Die nationale Einheit unseres Vaterlandes ist durch die imperialistische Politik der USA bedroht, die die Beschlüsse von Jalta und das Potsdamer Abkommen gebrochen haben.«[102] Von dieser Basis aus ergab sich die Verpflichtung zum *politisch* verstandenen Kampf um jene Einheit, bei dem die Muttersprache die Funktion einer scharfen Waffe zu erfüllen hatte. Das wiederum zog die Folge nach sich, daß man sich über sie als Waffe nur verständigen konnte, wenn jeder seine Muttersprache zu gebrauchen gelernt hatte. Damit war die Brücke geschlagen zur Umschreibung der Ziele und Aufgaben des Deutschunterrichts, wie sie auch in der Tat von Lehrplan zu Lehrplan verschieden vorgenommen wurde.

Der Lehrplan für den Deutschunterricht in den Klassen 5 bis 8 der *Grundschule* erklärt hierzu: »Der Deutschunterricht im 5. bis 8. Schuljahr hat die Schüler zur Beherrschung ihrer Muttersprache in Wort und Schrift zu führen. Dazu gehören: grundlegende Kenntnisse in der Grammatik, Klärung und Bereicherung des Wortschatzes, völlige Beherrschung der Orthographie, die Fähigkeit, sich mündlich und schriftlich klar, sprachlich richtig und schön auszudrücken, die Fertigkeit, lautrichtig, fließend und ausdrucksvoll zu lesen.«[103] Dementsprechend gliederte sich der Deutschunterricht in die Disziplinen: 1. »Grammatik, Wortbildungslehre, Sprachgeschichte, Wortbedeutungslehre, Phonetik und Orthographie« – 2. »Literatur« – 3. »Mündlicher und schriftlicher Ausdruck«.

Im Gegensatz zum Lehrplan für Grundschulen verweilt der Lehrplan für *Oberschulen* bei Ausführungen zu den Aufgaben und Zielen des Deutschunterrichts, wie u. a.: »Der Schüler der Oberschule lernt die deutsche Sprache bis in die Feinheiten ihres Aufbaus und Ausdrucks beherrschen. Im Deutschunterricht bildet sich seine Fähigkeit, seine Gedanken, Gefühle und Überzeugungen verständlich und klar, mündlich und schriftlich zu äußern ... Die Sprachdisziplin des Schülers wird ständig erhöht. Er muß imstande sein, verschwommenen Sprachgebrauch zu erkennen und jeder getarnten feindlichen Ideologie, allem Objektivismus und Kosmopolitismus erfolgreich entgegenzutreten ... Durch die aktive Beherrschung der Sprache wird die Sicherheit des Schülers in seinem persönlichen Auftreten gestärkt und sein Selbstbewußtsein gefestigt.«[104] Die Bereiche des Faches Deutsch unterscheiden sich nicht in der gebrauchten Begriffssprache vom Lehrplan für die Grundschule bis auf die umgekehrte Reihenfolge von 1. und 2. und dadurch, daß in der Oberschule Phonetik und Orthographie entfielen.

Der Lehrplan der *Zehnklassenschule* für Deutsch von 1951 verzichtet – wie gesagt – auf die Fixierung des politischen Bezugrahmens und beginnt sogleich mit einer kurzen Skizzierung von Aufgabe und Funktion dieses Faches: »Der Deutschunterricht der Zehnjahrschule« – heißt der einleitende Satz – »erweitert die Kenntnisse des Schülers von der deutschen Sprache und der fortschrittlichen Literatur . . . Der Schüler erwirbt größere Sicherheit im Gebrauch der deutschen Sprache. Er eignet sich ein umfassendes grammatisches Wissen an. Gründlichere Kenntnisse aus der Wortbildungs- und Wortbedeutungslehre und die steigende Fähigkeit, begrifflich zu denken, ermöglichen ihm, seinen Wortschatz fortgesetzt zu klären und zu erweitern und sich richtig und anschaulich auszudrücken. Seine sprachlichen Fertigkeiten werden ihm die Erfüllung seiner Aufgaben im gesellschaftlichen Leben unserer antifaschistisch-demokratischen Ordnung erleichtern.«[105]

Was seinerzeit erklärtermaßen vermieden werden sollte, nämlich die alte Dreiteilung in eine Bildung für die breite Volksjugend, eine mittlere Bildung und eine obere oder höhere Bildung wieder aufleben zu lassen, wurde gerade mit diesen Lehrplänen erneut eingeführt. Der Zehnklassenschüler konnte eine größere Sicherheit – zu ergänzen: als der Grundschüler – im Gebrauch der deutschen Sprache erwerben. Freilich war es ihm von vornherein nicht bestimmt, in ihre Feinheiten einzudringen, was wiederum dem Oberschüler vorbehalten blieb. Wenn man dazu noch an das ausdrücklich mit den Erziehungsaufgaben des Lehrers der Oberschule verbundene o. g. Ziel, durch die Pflege aktiver Beherrschung der Sprache die Sicherheit des Schülers im persönlichen Auftreten und die Gewinnung seines Selbstbewußtseins zu stärken, erinnert, tritt doch ein erheblicher Abstand zum Zehnklassenschüler, vor allem aber zum Grundschüler, zutage.

Wenden wir uns nun dem Lehrplan Deutsche Sprache und Literatur von 1959 zu. Die Oberstufe der *zehnklassigen allgemeinbildenden Oberschule* – Klassen 5 bis 10 – wird zunächst in ihrem Aufgabenbereich insgesamt angesprochen, danach in je zwei Klassenstufen zusammengefaßt auf Einzelheiten eingegangen. Als das allgemeine Leitziel fungiert: »Der Unterricht im Fach Deutsche Sprache und Literatur hat die besondere Aufgabe, die Sprache der Schüler planmäßig zu entwickeln. Der Lehrer soll den Schülern bewußtmachen, wie wichtig die Beherrschung der Muttersprache für ihr Leben in der Gesellschaft ist. Dazu gehört, daß sie zu einer lautreinen, deutlichen Aussprache und zum zusammenhängenden, sinnvoll gegliederten Sprechen erzogen werden. Auf der Grundlage fester, jederzeit anwendbarer Kenntnisse in der Grammatik, der Rechtschreibung und der Zeichensetzung lernen die Schüler ihre Muttersprache als Mittel der Verständigung in allen Bereichen des gesellschaftlichen Lebens gebrauchen.«[106] Damit werden bereits die einzelnen Disziplinen des Faches Deutsche Sprache und Literatur benannt; sie lauten: 1. Arbeit am mündlichen und schriftlichen Ausdruck; 2. Grammatik, Sprachgeschichte, Rechtschreibung; 3. Lese- und Literaturunterricht. Vergleicht man einmal diese Disziplinen mit den bislang geltenden Lehrplänen bzw. Direktiven, so läßt sich ein besonders enges Verhältnis zu der »Direktive für den Deutschunterricht« an *Oberschulen* von 1956 nachweisen, die als Disziplinen anführt: 1. Grammatikunterricht und orthographische Übungen; 2. Literaturunterricht; 3. Arbeit am sprachlichen Ausdruck.[107] Insgesamt verblieb es z. B. in den 9. Klassen beider Schulformen bei 150 angesetzten Jahresstunden, die sich nicht nennenswert voneinander unterschieden auf die Disziplinen verteilten. Ein anderes Bild jedoch bekommt man, wenn man einen Lehrplan für die *Mittelschule* von 1956 mitheranzieht, der Schulform nämlich, die als künftige Pflichtschule für alle angestrebt worden war. Hier besteht der Deutschunterricht in der 10. Klasse aus folgenden Disziplinen mit den Jahresstunden: 1. Grammatik- und Orthographieunterricht 49 Stunden (neu 15 Stunden), 2. Arbeit am sprachlichen Ausdruck 41 Stunden (neu 35 Stunden), 3. Literaturunterricht 60 Stunden (neu 62 Stunden).[108] Aufschlußreich dürfte es noch sein, einen Blick auf den Lehrplan der *Erweiterten Oberschule,* der schrittweise ab dem Schuljahr 1960/61 eingeführt worden war, zu werfen. Seine neue Ausgestaltung erfüllte einerseits ebenfalls die Forderung des V. Parteitages und andererseits den Anspruch auf Sicherung des Anschlusses an die zehnklassige allgemeinbildende polytechnische Oberschule. Vom Grobziel ausgehend – »Im Deutschunterricht der Erweiterten Oberschule lernen die Schüler ihre Muttersprache in Wort und Schrift sicher beherrschen und erwerben feste literarische Kenntnisse«[109] –, gliedert sich der Unterricht im Fach Deutsche Sprache und Literatur hier in geringer, doch aber einer Abweichung gegenüber der zehnklassigen Oberschule in die Disziplinen: 1. Mündlicher und schriftlicher Ausdruck, 2. Grammatik/Rechtschreibung, 3. Literatur und Sprachgeschichte mit jedoch für die 9. Klasse gleicher Stundenzahl im C-Zweig; in der 10. Klasse wurde die 1. und 2. Disziplin um je 5 Stunden gemindert, auf die 3. 2 Stunden weniger verwandt.[110]

Zum Fach *Chemie:* Alle drei Lehrpläne für die genannten Schulen von 1951 sind ebenfalls einheitlich in den Teil »Vorbemerkung« und den Teil »Stoffplan« gegliedert. Während auch hier wiederum die in den Vorbemerkungen angesprochenen Sachverhalte in den beiden Plänen für die *Grundschule* und die *Oberschule* weitgehend identisch sind, sie nämlich Aufgaben und Ziele des Chemieunterrichts beschreiben, beschäftigt sich der Plan für die *Zehnklassenschule* diesmal im Gegensatz zu ihrem Plan für Deutsch mit der gesellschaftspolitisch bedeutsamen Funktion des Chemieunterrichts und seine besondere Rolle für eine Berufsfindung der Jugendlichen. So heißt es u. a. recht unvermittelt: »Er hat dazu beizutragen, daß der Schüler die Richtigkeit der Leitsätze des dialektischen Materialismus erkennt . . . Besondere Bedeutung erlangt der Chemieunterricht im 9. und 10. Schuljahr vom Gesichtspunkt der Berufsfindung aus. Es ist auf die große Anzahl von Berufen, die chemisches Wissen und technisches Können voraussetzen, einzugehen.«[111] Hierbei drängen sich die ähnlichen bereits gestellten Fragen auf, ob eben chemisches Wissen und technisches Können in der Grundschule nicht soweit zu entfalten sei, daß der

Jugendliche, der immerhin 2 Jahre früher als der Zehnklassenschüler die Schule zu verlassen habe, seinen Berufsweg finden könnte. Für die Grundschule wie die Oberschule führen ihre Pläne als erzieherische Aufgaben an: die intellektuelle Erziehung – Kenntnisse, Erkenntnisse, Fähigkeiten und Fertigkeiten – zu entwickeln, wie eine polytechnische und sittliche Erziehung – diese im Plan für die *Grundschule* weiter gegliedert in 1. Erziehung zum demokratischen Patriotismus und 2. Charaktererziehung – zu pflegen. Die Unterschiede zwischen beiden Schulen zeigt besonders der Satz im Plan für die *Oberschule* an: »Im Chemieunterricht der Oberschule wird daher der Grundschulstoff nicht nur ergänzt und weitergeführt, sondern auch im Sinne einer theoretischen Durchdringung mit dem Ziel der wissenschaftlichen Erfassung vertieft.«[112] Ausdrücklich wurde diese Zielformulierung wiederum aus der Hauptaufgabe der Oberschule verstanden, ihre Schüler auf ein wissenschaftliches Fachstudium vorzubereiten, eine Aufgabe, die die Lehrpläne für die beiden anderen Schulformen nicht angesprochen und deshalb sicherlich auch das Ziel ihres Chemieunterrichts nicht in der wissenschaftlichen Erfassung der Chemie erblickt hatten. Im Zusammenhang damit dürften die unterschiedlichen Angaben der Ziele bei der Entwicklung und Vermittlung von *Kenntnissen* im Lehrplan für die Grund- bzw. Oberschule stehen, die grundsätzlich an dem alten auf diese Schulformen bezogenen Bildungsverständnis nichts geändert hatten. Lauten die Ziele für die *Grundschule* – »Kenntnis der Eigenschaften der wichtigsten chemischen Elemente, Verbindungen und Stoffgruppen, der chemischen Grundbegriffe und der wichtigsten chemischen Vorgänge sowie ihrer Rolle in Natur und Technik«[113] –, so für die *Oberschule* – »Systematische Kenntnisse der Eigenschaften der chemischen Elemente in Abhängigkeit von ihrer Stellung im Periodensystem, wichtiger Verbindungen und Stoffgruppen aus dem Bereich der anorganischen und der organischen Chemie, der grundlegenden chemischen und physikalisch-chemischen Gesetze und Prozesse sowie deren Anwendung in der gesellschaftlichen Praxis.«[114]

Nach dem Willen des V. Parteitags sollten alle naturwissenschaftlichen Fächer noch weiter als bisher in den Vordergrund gerückt werden. Die Lehrplangestalter trugen dem im Lehrplanwerk von 1959 durchaus Rechnung und erhöhten zunächst den Stundenanteil dieser Fächer z. T. ganz beträchtlich, besonders auffallend z. B. im Fach *Mathematik,* dessen Anteil in den 6. und 7. Klassen von jeweils 150 Stunden auf 180 Stunden, in der Klasse 8 von 130 auf 150 Stunden festgesetzt wurde. Ebenfalls erhielt das Fach *Chemie* einen zeitlich größeren Raum zugemessen, der auch eine entschieden neue inhaltliche Ausgestaltung, verglichen mit dem alten Lehrplan, erfuhr. So ordneten die Lehrplangestalter den Stoff systematischer und straffer an mit dem Ergebnis, daß die Gebiete Atombau, chemische Verbindungen und das Periodensystem vorverlegt werden und damit im Zentrum des gesamten Chemieunterrichts stehen konnten. Es ließ sich gleichzeitig mehr Zeit für eine stärkere Gewichtung der organischen Chemie gewinnen. Auf diese Weise war auch eine beachtliche Erhöhung des Niveaus der allgemeinbildenden *Pflicht-Oberschule* zu erreichen.

Zum Fach *Alte Sprachen:* Nach der »Direktive für den Latein- und Griechischunterricht« von 1956 hießen die Aufgaben des altsprachlichen Unterrichts bzw. heißen noch immer: »1. Der altsprachliche Unterricht vermittelt den Schülern eine möglichst gründliche Kenntnis des Lateinischen und Griechischen . . . und trägt dazu bei, moderne Sprachen, nicht zuletzt auch die eigene Muttersprache, zu verstehen und überhaupt jedes Sprachstudium zu erleichtern. 2. . . . die Übersetzungsarbeit (zwingt) die Schüler zum Umdenken und wird dadurch zu einer wertvollen Schulung des Verstandes. 3. In besonderem Maße erzieht der altsprachliche Unterricht zu Gründlichkeit und Genauigkeit . . . 5. Er macht die Schüler mit der antiken Kultur bekannt und vermittelt ihnen das Verständnis für das Wort von Friedrich Engels: ›Ohne die Grundlage des Griechentums und des Römerreichs kein modernes Europa‹.«[115] Unbestritten dürfte es sein, daß mit diesen Worten eine Hochschätzung für die alten Sprachen zum Ausdruck gebracht wurde und Eltern daher auf den Gedanken kommen konnten, sie – wenn irgend möglich – von ihren Kindern erlernen zu lassen. Der Lehrplan von 1961 dagegen äußerte sich hierzu wie folgt: »Die Kenntnis der lateinischen und in geringerem Maße der griechischen Sprache ist Voraussetzung für zahlreiche Berufe; insbesondere hilft sie, die Fachterminologie der verschiedenen Wissensgebiete besser zu verstehen. Sie erleichtert jedes Fremdsprachenstudium, vor allem das Erlernen der romanischen Sprachen, und bildet eine notwendige Grundlage für sprachwissenschaftliche Forschungen.«[116] Daraus geht nicht gerade hervor, daß der Stellenwert der alten Sprachen im Fächerkanon einer *allgemeinbildenden* Schule noch besonders hoch veranschlagt wurde, mag auch der Stundenanteil größer als bisher bemessen und der Lektürekanon sogar erweitert worden sein. Ob mit dieser Erklärung den »Tendenzen der Unterschätzung besonders des altsprachlichen Zweiges entschieden zu begegnen (war)«[117], wie es mit diesem neuen Lehrplan beabsichtigt wurde, muß recht fraglich bleiben.

2.3. Einführung des polytechnischen Unterrichts

Wenn heute als das Herzstück der Bildungsinhalte in den allgemeinbildenden Schulen der DDR die polytechnische Bildung angesehen und deren Entwicklungsstand auch durchaus zu Recht als weit fortgeschritten eingeschätzt wird, so sollte nicht vergessen werden, daß die Einführung des polytechnischen Unterrichts große Schwierigkeiten begleitet hatten. Ähnlich wie die antifaschistisch-demokratische Schulreform mit der Schaffung einer neuen entnazifizierten Lehrerschaft stand und fiel, die doch erhebliche Probleme aufgeworfen hatte, mußte die Entwicklungsperiode der sozialistischen Umgestaltung des Bildungswesens mit der Einführung des polytechnischen Unterrichts kämpfen. Gerade hieran läßt sich ablesen, welche Zeit es doch in Anspruch genommen hatte, den Beschluß von 1952 zur Umgestaltung des Schulwesens in ein sozialistisches Schulwesen dann in die Tat umzusetzen. Daß dabei so mancher Fehler unterlaufen war, wird auch offen zugegeben; so schreibt Klein in *»Bildung in der DDR«:* »In der Folgezeit erschienen zwar in den pädagogischen Zeitschriften viele Artikel zu Fragen der polytechnischen Bildung und Erziehung, darunter auch zahlreiche Übersetzungen aus dem Russischen, in der Praxis erfolgte der entscheidende Durchbruch jedoch erst sechs Jahre später. Dies führte dazu, daß die Schule in einen gewissen Rückstand gegenüber der gesellschaftlichen Entwicklung geriet.«[118] Dieser Rückstand, das hatte bereits in anderem Zusammenhang erwähnt werden müssen, war von allgemeiner Art gewesen und hatte die gesamte Entwicklung im Bildungswesen zurückgeworfen, ja sogar gefährdet. Hier soll nun interessieren, welche Stationen die polytechnische Bildung im Bereiche der Schule durchlaufen mußte, bis sie sich *fest* im Fächerkanon der allgemeinbildenden Schulen etablieren konnte.

Wie früh die Reformbemühungen Wert auf die Berücksichtigung der polytechnischen Bildung legten, geht aus den Lehrplänen von 1951 hervor, die die polytechnische Bildung mitaufgenommen und damit ihren Willen zum Ausdruck gebracht hatten, eine *sozialistische* Umgestaltung der Schule ansteuern zu wollen. »Die polytechnische Bildung ist«, schreibt Klein, ». . . in allen sozialistischen Ländern eines der neuen, revolutionären Elemente der sozialistischen Allgemeinbildung im Vergleich zu bürgerlichen Bildungskonzeptionen.«[119] Im Lehrplan für den Chemieunterricht der Grundschule von 1951 wird im Abschnitt »Die polytechnische Erziehung« ausgeführt: »Die polytechnische Erziehung im Chemieunterricht hat die Aufgabe, die Schüler mit den wichtigsten chemischen Grundlagen der modernen Technik auszurüsten. Weiterhin sollen die Schüler mit der Anwendung dieser Grundlagen in den wichtigsten modernen Industriezweigen vertraut gemacht werden. Dazu dienen vor allem Betriebsbesichtigungen und Exkursionen. Im systematischen Chemieunterricht sind die Fähigkeiten und Fertigkeiten zur sicheren Handhabung der gebräuchlichsten Instrumente und Geräte zu entwickeln.«[120] Sinngemäß lauten die Erklärungen, jeweils auf das Fach zugeschnitten, in den anderen naturwissenschaftlichen Fächern, sowohl in der Grund- als auch der Oberschule als auch der Zehnklassenschule; in dieser allerdings hätte die polytechnische Bildung wesentlich stärker entwickelt werden müssen.

Auf die Unterrichtsgestaltung selbst scheinen sich jene Anweisungen der Lehrpläne nur wenig ausgewirkt zu haben; im gegenteiligen Falle nämlich wäre es nicht notwendig gewesen, daß der Beschluß des Politbüros der SED vom Juli 1952 »Zur Erhöhung des wissenschaftlichen Niveaus des Unterrichts ...« hätte festhalten müssen, daß die »Ausarbeitung von richtungsweisenden Lektionen über die polytechnische Ausbildung in den einzelnen naturwissenschaftlichen Fächern« unumgänglich sei.[121] Das Echo hierauf scheint weiterhin recht gering geblieben zu sein. Im Mai 1953 fand dann eine Konferenz zu Fragen der polytechnischen Bildung in Berlin statt, auf der vor allem die Referate von Wilfried Lange, Hans Kaiser und Wolfgang Arnold neue Anstöße bringen sollten, die aus den seinerzeitigen Bedürfnissen der Produktion hergeleitet wurden.[122] Das Ergebnis der Konferenz verlief sich in sehr zahlreichen Forderungen, die wiederum so gut wie gänzlich ungeeignet waren, um bis in die Unterrichtsgestaltung vordringen zu können.

Auch die Lehrplanreform von 1955/56 gelangte nicht sonderlich über das, was aus den Plänen von 1951 bereits bekannt war, hinaus und setzte wie bisher das als bestehend voraus, was erst an Voraussetzungen hätte geschaffen werden müssen. Gewiß, es hatte während all dieser Jahre nicht an Initiativen und Versuchen zur Einführung der polytechnischen Bildung an einzelnen Schulen oder in manchen Schulbezirken gefehlt. Dennoch gelang der entscheidende Durchbruch erst mit der Wiederbelebung des Werkunterrichts, der nicht zuletzt mit einer »Richtlinie zum Abschluß der Patenschaftsverträge der volkseigenen Betriebe und allgemeinbildenden Schulen« vom September 1955 beachtliche Unterstützung finden konnte. Diese Richtlinie schrieb vor, daß sich die Betriebe u. a. verpflichteten: »1. bei dem einzuführenden Werkunterricht an der Schule Räume und Materialien zur Verfügung zu stellen. ... 3. Der Betrieb organisiert gemeinsam mit den Lehrern Betriebsbesichtigungen zur Unterstützung der polytechnischen Bildung.«[123] Im gleichen Jahr erging durch Beschluß des ZK der

SED vom Oktober 1955 der Auftrag, als ersten Schritt noch im gleichen Schuljahr Voraussetzungen für die Einführung des Werkunterrichts an der größtmöglichen Zahl der Schulen zu schaffen.[124]

Daß Technisches Zeichnen eng mit dem Werkunterricht verbunden und innerhalb dieses Faches erteilt werden kann, weshalb der Werkunterricht dann durchaus als ein Schritt auf die Entwicklung hin zum polytechnischen Unterricht anzusehen ist, dürfte nicht allzu fern liegen; das aber gilt ganz sicherlich nicht von Praktika, die – wenn auch freiwillig abzuleisten – ab 1956 eingeführt wurden. Sie gehörten in einen anderen fachlichen Zusammenhang, z. B. eben in den einer eigenen Konzeption von polytechnischer Bildung. Tatsächlich bildeten auch die Praktika einen fruchtbaren Ansatz für die weitere Entwicklung. Bereits die Anweisungen zur Durchführung des Schuljahres 1957/58, in denen das Anliegen der polytechnischen Bildung recht breit erörtert wurde, hoben hervor: »Deshalb können die Ziele der polytechnischen Bildung und Erziehung nicht allein im naturwissenschaftlichen Unterricht, im Werkunterricht, bei der Arbeit im Garten, auf dem Versuchsfeld und in den Arbeitsgemeinschaften verwirklicht werden, sondern die Schüler müssen Einblick in die sozialistische Produktion gewinnen und durch Teilnahme an der sozialistischen Arbeit erzogen werden. Eine Möglichkeit dazu sind ... die Betriebspraktika, die im Vorjahre erstmalig und mit Erfolg an einer Reihe von Schulen durchgeführt wurden.«[125] Wiederum ein Jahr später wurden dann die richtungweisenden Entscheidungen getroffen, die sowohl auf Vorschlägen zur Umsetzung als auch auf breiterer Basis gesammelter Erfahrungen fußten. Zunächst gelang es der Schulkonferenz der SED im April 1958, einen Vorschlag für die Beachtung des Prinzips der Einheit von Theorie und Praxis zu erarbeiten, wonach gefordert wurde: »Durchsetzung der polytechnischen Bildung und Erziehung mit dem Ziel, bei allen Schülern das sozialistische Bewußtsein sowie hohe Achtung vor der Arbeit und der Arbeiterklasse zu entwickeln. Dazu ist erforderlich, den Schülern die Grundlagen der Produktion in der sozialistischen Industrie und Landwirtschaft, die wichtigsten

Elemente ihrer Technologie, Organisation und Ökonomik zu vermitteln und ihnen praktische Arbeitsfertigkeiten anzuerziehen, . . . Dazu dient die Einführung eines Unterrichtstages, an dem die Schüler der 7. bis 12. Klassen gemeinsam mit ihren Lehrern in den sozialistischen Betrieben der Industrie und Landwirtschaft lernen und produktiv tätig sind.«[126] Damit konnte aus dem Kreise der Partei ein Ergebnis von der künftigen Struktur der polytechnischen Bildung veröffentlicht werden, das die Grundlage für konkrete Maßnahmen zur Unterrichtsgestaltung bot. Eine wesentliche Ergänzung vonseiten der Partei brachte der im Juli 1958 abgehaltene V. Parteitag – das Datum im übrigen, mit dem der polytechnische Unterricht in den allgemeinbildenden Schulen fest etabliert wurde –, der u. a. als Grundsatz formulierte: »In allen Unterrichtsfächern wird die Einheit von Theorie und Praxis mit Hilfe des polytechnischen Unterrichts und der Produktionsarbeit hergestellt.«[127] Nicht nur auf ein Fach, nicht auf einzelne Fächer, nicht allein auf die naturwissenschaftlichen Fächer war polytechnischer Unterricht zu begrenzen, er betraf vielmehr *alle* Unterrichtsfächer, eine Forderung, die im Zeitpunkt ihrer Bekanntgabe als sehr anspruchsvolles, aber auch sehr schwierig zu erfüllendes Programm aufgenommen wurde und aufgenommen werden mußte. Allein nämlich aus der Erkenntnis, die Einführung des polytechnischen Unterrichts sei längst überfällig geworden, folgte nicht, daß sich die großen, hierfür unerläßlichen Vorbereitungsarbeiten hätten ersparen lassen. Diese aber waren durchaus nicht geleistet worden, so daß es nur allzu verständlich ist, wenn Zweifel daran laut geworden waren, ob nicht die Wahl des Zeitpunktes für die obligatorische Einführung jenes Unterrichts als überstürzt angesehen werden mußte.

Abgesehen von dem breit geäußerten Willen, keinerlei Anstrengungen zu scheuen – besonders hinzuweisen ist auf die detaillierte Anweisung zur Stundentafel für 1958/59, die unmittelbar darauf folgende noch detailliertere und sehr umfangreiche Anweisung zur Durchführung des Schuljahres 1958/59, den Lehrplan »Einführung in die sozialistische Produktion in Industrie und Landwirtschaft« für die 9. und 10. Klassen vom

September 1958[128], die späteren Pläne im Lehrplanwerk von 1959 –, ergaben sich große Schwierigkeiten aus der Konzeption des Unterrichtstages in der Produktion und aus der Bedeutung der Funktionen, die im Rahmen des polytechnischen Unterrichts dem Werkunterricht zugedacht waren. Während sich diese Schwierigkeiten noch rascher und leichter durch Lehrplankorrekturen beheben ließen, zwangen jene zu Revisionen grundsätzlicher Art, die dann später im Lehrplanwerk von 1965/1972 ihren Niederschlag gefunden haben.

2.4. Maßnahmen zur Sicherung der Unterrichtsergebnisse

Um es gleich vorweg zu sagen: Während der historischen Epoche der sozialistischen Umgestaltung des Schulwesens der DDR waren oftmals, obwohl immer wieder neue Wege gewiesen wurden, mannigfaltige Schwierigkeiten, Unterricht und Erziehung in den Schulen so zu gestalten, wie es die Reformkonzepte gefordert hatten, aufgetreten. Ein kritischer Rückblick auf diese Zeit aus dem Jahre 1959, der im Auftrag des Ministeriums für Volksbildung veröffentlicht wurde, kam zu dem Urteil: »In der nachfolgenden Zeit wurden zwar viele neue Verordnungen erlassen, jedoch unterblieb die Ausarbeitung eines klaren Programms für die sozialistische Entwicklung des Schulwesens. Die Volksbildungsorgane, vor allem das Ministerium für Volksbildung selbst, vernachlässigten ihre Aufgaben bei der Anleitung der Schularbeit. Es gab teilweise recht unklare Vorstellungen über die Perspektiven unseres Schulwesens.«[129] Immerhin zeichnete für dieses Urteil maßgeblich Gerhard Neuner, der derzeitige Präsident der Akademie der Pädagogischen Wissenschaften mit verantwortlich. Von jenen zahlreichen Maßnahmen, die vorrangig der Sicherung besserer Unterrichts- und Erziehungsergebnisse als bisher dienen sollten, seien die berücksichtigt, die die Lehrer, die Eltern und die Schüler betrafen.

Nachdem der IV. Pädagogische Kongreß u. a. die Unplanmäßigkeit der Gestaltung einzelner Unterrichtsstunden der

Lehrer bemängelt hatte, suchte eine besondere »Verordnung über die Unterrichtsstunde als Grundform der Schularbeit, die Vorbereitung, Organisation und Durchführung der Unterrichtsstunden und die Kontrolle und Beurteilung der Kenntnisse der Schüler« vom Juli 1950 dem entgegenzuwirken. Der Katalog der Schwächen und Fehlerquellen jener Zeit wurde in den Wortlaut dieser Verordnung möglichst vollständig und für alle Lehrer lesbar aufgenommen, und zwar in einer Art, die vermuten läßt, daß ihre Behebung nur didaktische und methodische Anweisungen hätten erreichen können. Statt solche Wege auch zu weisen, setzte die Verordnung bereits ihre Kenntnis voraus und beschränkte sich lediglich darauf, den Lehrer an den gesamten Komplex in Gestalt von Forderungen zu erinnern. Nach kurzen Ausführungen, in denen zwei Kernthesen aufgestellt werden – 1. »Unterricht ist die durch eine fortschrittliche pädagogische Theorie systematisierte und planmäßig geleitete Tätigkeit des Lehrers und der Schüler«; 2. »Die Grundform dieser organisierten Unterrichtsarbeit ist die Unterrichtsstunde«[130] –, schließen sich Darlegungen zur Funktion des Lehrers im Unterricht, die in der Übernahme seiner führenden Rolle gesehen worden war, an. Ausgehend von dem Leitsatz – »Die Arbeitsform der Unterrichtsstunde ist deshalb besonders produktiv, weil hier die ständige Leitung des Lehrers gewährleistet ist« –, dem markante Hinweise auf den gesellschaftlichen und kulturellen Auftrag des Lehrers beigegeben wurden, fährt die Verordnung fort: »Die neue demokratische Schule fordert den politisch bewußten und wissenschaftlich gebildeten Lehrer.«[131]

Was nun das Kernproblem, die Vorbereitung des Lehrers auf die Unterrichtsstunde, betrifft, wie sie im 3. und letzten Abschnitt der Verordnung dargestellt wurde, so geht diese davon aus, daß sich die in der Unterrichtsstunde angewandten Methoden von den *allgemeinen didaktischen Prinzipien,* wie sie für die Schule entwickelt wurden, leiten zu lassen hätten. Dabei erhielt ein besonderes Gewicht die Absage an alle reaktionären und imperialistischen Unterrichtsmethoden, wozu »auch die Methoden der sogenannten bürgerlichen Schulreformer, wie z. B.

›Erziehung vom Kind aus‹, ›freie Erziehung‹, ›Arbeitsschulunterricht‹, ›Auflösung des Klassenunterrichtssystems durch Gruppenunterricht‹, ›Gelegenheitsunterricht‹ und andere« gehörten.[132] Wiederum knüpften sich an solche Verbote die Gebote: »Der Lehrer muß sich bei seiner Vorbereitung auf die Unterrichtsstunde darüber klar sein, welche Unterrichtsmethode er anwenden will. Dabei muß er sich vor dem Schematismus hüten, nur eine Unterrichtsmethode anzuwenden.«[133] Interessant ist nun, daß als ein solcher Schematismus die Überbetonung bzw. ausschließliche Anwendung des *Unterrichts- oder Lehrgesprächs* ausdrückliche Erwähnung gefunden hat. Statt dessen wurde gefordert, der *Erzählung des Lehrers* mit zunehmendem Alter der Schüler einen Vorrang einzuräumen. Die Verordnung endet mit dem Hinweis darauf, daß die führende Rolle des Lehrers keineswegs mit der sog. autoritativen Lehrtätigkeit in der Drillschule des preußisch-deutschen Imperialismus gleichzusetzen wäre, was jedoch nicht ausschließen würde, daß der Lehrer die Unterrichtsstunde ständig zu lenken und zu entwickeln hätte.

Vier Jahre später erließ die *Regierung* jene erneute Verordnung zur Verbesserung der Arbeit der allgemeinbildenden Schulen (März 1954). Sie stellte einerseits erreichte Erfolge, andererseits aber noch aufgetretene Mängel, und zwar recht schwerwiegende Mängel, fest, die es unverzüglich zu beseitigen galt. Konkret führte hierzu die Verordnung aus: »Ein Mangel in der Arbeit unserer Schule besteht in der Tatsache, daß nicht überall ein konsequenter Kampf um die Erreichung der Lehrplanziele geführt wird. Das zeigt sich schon in dem Ausfall von Unterrichtsstunden. Er führte in vielen Schulen zu einer flüchtigen Durchnahme des Lehrstoffes, die den erzieherischen Inhalt des Unterrichts nicht voll zur Wirkung brachte, das Wissen nicht genügend festigte und den Lehrer zu falschen Lehrmethoden oder zu übertriebenen Anforderungen an die Schüler bei den Hausaufgaben veranlaßte. Diese Fehler wurden durch zu große Belastungen der Stoffpläne mancher Klassen und durch einige Lehrbücher, deren Inhalt und Darstellungsform dem Entwicklungsstand der Schüler nicht entsprachen, noch vergrößert.«[134] An dieser Bestandsaufnahme, die sich zwar nicht gescheut hatte, die Mängel wiederum offen beim Namen zu nennen, fällt jedoch auf, daß die Ursachen für das Nichterreichen der gesteckten und vorgeschriebenen inhaltlichen Ziele in organisatorischen Schwächen bzw. einem letztlich dienstwidrigen Verhalten vor allem von Lehrern und Schulleitern gesehen wurden. Nicht die Konzeption der seinerzeitigen Lehrpläne wurde als erstes in Frage gestellt, sondern an ihrer unzulänglichen Erfüllung Kritik geübt. Als Mittel zur Abhilfe wurden die bekannten Gebote und Verbote wiederholt, und zwar nicht nur in der genannten Verordnung, sondern auch noch in einer eigenen *Dienstordnung,* erlassen im gleichen Monat März 1954. Diese verlangte darüber hinaus nach § 30: »(1) Die Vorbereitung des Lehrers auf die Unterrichtsstunde gehört zu seinen wichtigsten Pflichten. (2) Der Lehrer überdenkt die Stoffeinheit sorgfältig nach ihrer stofflichen und methodischen Seite, legt das Lehrziel schriftlich fest, gliedert den Stoff und macht sich Notizen über den Gang der Behandlung, den Charakter der einzelnen Unterrichtsstunden und die bereitzustellenden Lehr- und Lernmittel. Im Rahmen dieser Vorbereitung legt er das Thema der Unterrichtsstunde, ihre methodische Gliederung, die zu erreichenden Unterrichtsergebnisse und die Hausaufgaben fest. (3) Nach Abschluß der Unterrichtseinheit überdenkt der Lehrer nochmals kritisch seine Arbeit und ihre Ergebnisse und macht sich hierfür Notizen, um seine Beobachtungen und Erfahrungen auswerten zu können.«[135]

Ob nun aufgrund in kurzer Zeit gesammelter Erfahrungen mit dieser Vorschrift oder anderer Gegebenheiten angestoßen: Im Juli 1954 erließ das Ministerium sehr ins einzelne gehende »Richtlinien für die Arbeitsplanung in den allgemeinbildenden Schulen«, die von der These ausgingen, daß sorgfältige Arbeitsplanungen unerläßlich für eine erfolgreiche Schularbeit und »gleichzeitig die Grundlage für eine wirksame Kontrolle« seien. In den Monatsplan waren die gegenseitigen Hospitationen der Lehrer und die vom Schulleiter durchzuführenden *Unterrichtskontrollen* aufzunehmen. Für diese Kontrollen seiner Lehrer war eine *schriftliche* Analyse der Unterrichtsstunde auszuarbeiten, und zwar mit den Schwerpunkten: »1. Charakteristik der Unterrichtsstunde in typologischer und struktureller Hinsicht a) Stellung der Stunde in der Stoffeinheit; b) Aufbau der Stunde; 2. Stoff der Unterrichtsstunde; 3. Unterrichtsmethoden; 4. Verhalten der Schüler; 5. Verhalten des Lehrers; 6. Ergebnis der Unterrichtsstunde; 7. Schlußfolgerungen und Vorschläge.«[136] Der Schulleiter war verpflichtet, mit dem Lehrer eine Besprechung mit dem Ziel ihrer Auswertung vorzunehmen und danach die schriftliche Analyse der kontrollierten Stunde für jeden Lehrer gesondert in einer Akte zu sammeln. »Diese Akte gibt Aufschluß über die fachliche Entwicklung des Lehrers und wird bei Versetzungen der neuen Dienststelle übersandt.«[137]

Großen Wert begann man bald wieder auf die Schuldisziplin zu legen, für die im besonderen der Klassenleiter die Verantwortung zu tragen hatte. Nicht ungesagt darf in diesem Zusammenhang bleiben, daß, um eine gute Disziplin zu erreichen, zunächst sog. aufbauende Mittel angegeben wurden wie ein gut vorbereiteter Unterricht, Belobigungen und Auszeichnungen einzelner Schüler oder ganzer Klassen. Beim Versagen milderer Disziplinarmittel standen die schon zu früheren Zeiten angewandten Mittel – Verwarnung, Verweis, Rücksprache mit den Eltern u. a. m. – zur Verfügung, jedoch auch – wofür man nur recht schwer Verständnis haben wird – die »Verweigerung der Versetzung wegen fortgesetzten schlechten Betragens«.[138] Zu späterer Zeit wurde auffallenderweise der Pflichtenkatalog sowohl des Klassenleiters als auch des Lehrers von der Sorge um die äußere Ordnung auf innere Gestaltung des Schullebens in Unterricht und Erziehung verlagert.

Zur Unterstützung von Schulleiter und Lehrer bei ihren Aufgaben wurden, nachdem die Vorbehalte gegen eine Mitwirkung der *Eltern* abgebaut waren und die Entschließung des ZK der SED vom Januar 1951 die Einrichtung von Elternbeiräten angekündigt hatten, diese aufgrund einer besonderen Verordnung vom April 1951 auch tatsächlich gewählt. Ihre Aufgaben waren zwar nicht zwingend vorgeschrieben, sie *sollten* vielmehr wahrgenommen werden, hatten aber ganz eindeutig das Ziel, die Erziehungsbemühungen der Schule zu verfolgen und zu stärken. So erklärten sie: »Im einzelnen soll der Elternbeirat den Schulleiter und die Lehrer unter anderem in folgenden Angelegenheiten unterstützen und beraten: a) bei der Durchführung der demokratischen Gesetze, Verordnungen und Anweisungen ... b) in Fragen der körperlichen, geistigen und sittlichen Entwicklung der Kinder, c) in Fragen der Berufswahl, Berufslenkung, Berufseignung und Berufsberatung, d) in Fragen der Schulordnung und Schuldisziplin ... f) in Fragen der Hausaufgaben und Fördermaßnahmen.«[139] Zu jener Zeit schien man der Tätigkeit der Elternbeiräte gegenüber erst einmal mit Zurückhaltung zu begegnen. Einerseits *sollten* sie eben nur beraten, andererseits *sollte* auch der Schulleiter lediglich zur Unterstützung der Arbeit des Elternbeirats Elternabende abhalten. Im Gegensatz zu dieser Verordnung zeigt die im Oktober 1955 an ihre Stelle getretene ein gewandeltes Verständnis von den Aufgaben des Elternbeirats. Dabei kann es einem nicht entgegehen, daß die Mitwirkung bei der Schaffung einer dauerhaften äußeren Ordnung, wozu in dieser Zeit Lehrer und Klassenleiter noch vorrangig angehalten worden waren, bei der Arbeit der Elternbeiräte nicht mehr im Vordergrund stand, sondern sich sogar auf die Verbesserung der Lernergebnisse ausgedehnt hatte.

Die Mitarbeit der *Schüler* an der Gestaltung von Unterricht und Erziehung der Lehrer vollzog sich über die Jugendorganisation der FDJ mit ihrer Kindervereinigung »Junge Pioniere«, und zwar im Vergleich zur Epoche der antifaschistisch-demokratischen Umwälzung nun im verstärkten Maße. So erklärte die I. Funktionärskonferenz der FDJ vom November 1950: »Die erste Aufgabe aller Mitglieder und Funktionäre der Freien Deutschen Jugend an den Bildungsstätten der Deutschen Demokratischen Republik, wie Oberschulen, Fachschulen und Berufsschulen, Ingenieurschulen, Hochschulen und Universitäten ist es, zu lernen. Von der Erfüllung dieser Aufgabe hängt in entscheidendem Maße die Beurteilung ihrer gesellschaftlichen Aktivität in der Zukunft ab.«[140] Zielbewußt wurde auf diese Weise alles darangesetzt, um nicht nur die Vorbehalte bei Eltern wie den Jugendlichen selbst gegen die Jugendorganisationen abzubauen, sondern auch die Notwendigkeit ihrer Existenz nachzuweisen. Die Entschließung des ZK der SED vom Januar 1951 hatte dann gleiches von den an den Grundschulen tätigen Pionier-Gruppen gefordert: »Der Schwerpunkt der Arbeit der Jungen Pioniere liegt in der ständigen Erhöhung der Leistungen und in der Entwicklung des demokratischen Bewußtseins.«[141] Wie ernst der Auftrag, für eine gute Arbeit der Schüler in der Schule mitzusorgen, von den Jugendorganisationen genommen worden ist, geht daraus hervor, daß entsprechende Regelungen in ihre *Verfassung* von 1952 aufgenommen wurden: »In allen Schulen und Universitäten kämpft die Freie Deutsche Jugend für die erfolgreiche Aneignung der Wissenschaft durch die Schüler und Studenten. Sie erzieht die Schüler und Studenten zum hartnäckigen und entschlossenen Studium zur Aneignung der wissenschaftlichen Kenntnisse und führt sie an die gesellschaftlich notwendige Arbeit heran.«[142] Was in jenen Jahren den Schulen doch recht erhebliche Schwierigkeiten bereitete, die mitzubeheben neben den Lehrern auch die Eltern aufgefordert waren, läßt in gleicher Weise eine weitere, ebenfalls aus dem Jahre 1952 stammende Entschließung des Zentralrats der FDJ erkennen, die sich eigens und eingehend mit der Arbeit der Jugendorganisation an den allgemeinbildenden Schulen beschäftigte. Hier heißt es, nachdem die Erfolge im Bemühen um eine bewußte Disziplin in der Schule kurz gewürdigt werden: »Die Erziehung der Jungen Pioniere und Schüler zum bewußten Verhalten gegenüber den durch die Lehrer gestellten Aufgaben und der Einhaltung der Disziplin steht teilweise noch nicht im Mittelpunkt der Arbeit ... Die gesamte Tätigkeit der FDJ und der Pionierorganisation muß darauf gerichtet sein, die Direktoren, Schulleiter und Lehrer bei der Vermittlung des Wissens zu unterstützen und die in der Schule erworbenen Kenntnisse durch alle Formen und Methoden der Pionierarbeit zu vertiefen und zu erweitern ... Die Gruppen und Zirkel der Jungen Pioniere und die Gruppen der Freien Deutschen Jugend an den Zehnklassen- und Oberschulen müssen einen tagtäglichen Kampf darum führen, daß sich die Jungen Pioniere und Schüler gewissenhaft auf die Unterrichtsstunden vorbereiten, sich in den Unterrichtsstunden diszipliniert verhalten und ihre Hausaufgaben gewissenhaft erledigen. Die FDJler und Jungen Pioniere müssen bei der Verbesserung der Disziplin allen Schülern vorangehen und einen energischen Kampf gegen das Zuspätkommen, gegen das Vorsagen und Abschreiben im Unterricht und gegen jedes undisziplinierte Verhalten gegenüber den Lehrern führen.«[143]

Es dürfte nicht zu bestreiten sein, daß eine solche Koordination von Schularbeit und Jugendarbeit durch die wechselseitige Unterstützung und Förderung beste Voraussetzungen für die Erreichung der Lernziele der Schule bieten. Inwieweit die Durchführung dieser Forderungen gelang, sei hier nicht die Frage: Sie wurden in jedem Falle wachgehalten und fest in den Aufgabenkreis der Jugendorganisation aufgenommen.

3. Das Bildungswesen während des umfassenden Aufbaus des Sozialismus (seit 1962)

3.1. Vom Schulgesetz 1959 zum Bildungsgesetz 1965

Für den außenstehenden Beobachter dürfte es nicht ganz einfach sein, den Unterschied, den die DDR zwischen den beiden aufeinanderfolgenden Entwicklungsperioden – der Periode der *sozialistischen Umgestaltung* und der noch in die Gegenwart hineinreichenden Periode des *umfassenden Aufbaus* des Sozialismus – macht, nachzuvollziehen, vor allem dann nicht, wenn er in einer der jüngsten Veröffentlichungen der Akademie der Wissenschaften der DDR liest, Funktion des Beschlusses der 2. Parteikonferenz der SED von *1952* sei es gewesen, »in der DDR planmäßig und systematisch die Grundlagen des Sozialismus zu errichten«.[144] Nimmt man noch hinzu, daß das Gesetz über die sozialistische *Entwicklung* des Schulwesens von 1959 die Aufgabe hatte – so ist es im § 1 ausgedrückt –, »die Jugend auf das Leben und die Arbeit im Sozialismus vor(zubereiten)«, dann überrascht es, daß man kurze Zeit nach der Veröffentlichung dieses Gesetzes bereits an die *Konzeption* eines neuen Bildungsgesetzes herangegangen ist. War es denn notwendig bzw. warum war es notwendig, wieder Strukturveränderungen vorzunehmen, ist zu fragen, vor allem, wenn man von H. Klein darauf hingewiesen wird, daß es bei Reformbemühungen vorrangig auf die Ziele und Inhalte ankomme.[145] Und in die Inhalte des Lehrplanwerkes von 1959 hatte man doch unterrichtliche und erziehliche Potenzen in einem Ausmaße eingearbeitet, die nur langfristig in das Schulgeschehen umgesetzt werden konnten; das war mit Veränderungen in der Struktur kaum zu beschleunigen. Dennoch hat das Bildungswesen der DDR 1965 eine neue rechtliche Grundlage erhalten, auf der es bis heute ruht.

Bevor wir uns mit dieser Entwicklung näher befassen, sei zunächst auf die zweite Verfassung eingegangen, die seit 1968 in Kraft ist, die aber das Bildungsgesetz von 1965 nicht tangiert hat, vielmehr nur bestätigte, was bereits rechtlich in Geltung war.[146] Abgesehen davon, daß sich in der Verfassung z. T. wörtliche Formulierungen des Gesetzes wiederfinden, fällt auf, daß die Art. 25 und 26, die ausschließlich das Bildungswesen betreffen, sogar nicht nennenswert über den Gehalt des Gesetzes von 1959 hinausgelangt sind, gleichzeitig ein Hinweis darauf, daß auch zwischen diesem und dem Gesetz von 1965 Gemeinsamkeiten vorliegen. Im Vergleich zur rückliegenden Zeit sticht besonders hervor, daß von der Verfassung eindeutiger gesagt wird, von welchem Verständnis des gleichen Rechts auf Bildung und des damit verbundenen Anspruchs auf den Zugang zu den Bildungsstätten (Art. 25, Abs. 1) heute auszugehen sei. Hierzu heißt es: »Der Staat sichert die Möglichkeit des Übergangs zur nächsthöheren Bildungsstufe bis zu den höchsten Bildungsstätten, den Universitäten und Hochschulen, entsprechend dem Leistungsprinzip, den gesellschaftlichen Erfordernissen und unter Berücksichtigung der sozialen Struktur der Bevölkerung« (Art. 26, Abs. 1). Waren auf dem VI. Pädagogischen Kongreß im Juni 1961 noch kaum Anzeichen von Vorbereitungen auf die Planung eines neuen Bildungsgesetzes zu erkennen – im Zentrum der Auseinandersetzungen standen das Lehrplanwerk von 1959 und die zu ergreifenden Maßnahmen, um es möglichst optimal in den täglichen Unterricht einzubringen –, griff jedoch gut ein Jahr später die Partei mit einem eigenen Programm in die Diskussion um die Reformbemühungen ein. Auf der *17. Tagung der ZK der SED* im Oktober 1962 erklärte W. Ulbricht: »Es ist ganz verständlich, daß sich aus dieser Feststellung auch für unser gesamtes Erziehungs- und Bildungswesen neue große Aufgaben ergeben. Im Programm wird deshalb eine weitere Erhöhung des Bildungsniveaus gefordert und festgestellt, daß diese Erhöhung auf der Grundlage eines einheitlichen Systems des Bildungswesens erfolgen muß ... Wir sind der Meinung, daß aus der bisherigen Entwicklung unserer Schulen und Hochschulen genügend Erfahrungen vorliegen, um diesen neuen Schritt auszuarbeiten und zu beginnen.«[147] Die hieraus notwendigen Konsequenzen wurden ein halbes Jahr später auf dem VI. Parteitag im Januar 1963 gezogen, der wiederum ein Programm verkündete, das Programm zum *umfassenden Aufbau des Sozialismus* mit den für die zu planende Bildungsreform entscheidenden Sätzen: »Die Sozialistische Einheitspartei Deutschlands erstrebt die Entwicklung unseres Volkes zur gebildeten Nation. Umfassender Aufbau des Sozialismus heißt Erziehung und Heranbildung des allseitig – das heißt geistig, moralisch und körperlich – entwickelten Menschen, der bewußt das gesellschaftliche Leben gestaltet und die Natur verändert . . . Diese Aufgabe kann nur durch eine weitere Erhöhung des Bildungsniveaus gelöst werden auf der Grundlage eines einheitlichen Systems des Bildungswesens, dessen einzelne Stufen vom Kindergarten und der Schule, der Berufsausbildung und Erwachsenenbildung bis zu den Universitäten, Hoch- und Fachschulen aufeinander abgestimmt sind. Dieses einheitliche sozialistische System der Erziehung und Bildung muß von der wissenschaftlich-technischen und ökonomischen Zielsetzung des umfassenden Aufbaus des Sozialismus ausgehen.«[148] Besondere Aufmerksamkeit verdient dabei die Tatsache, daß der umfassende Aufbau des Sozialismus durch Bildung und Erziehung definiert worden ist.

Tatsächlich hatte man seit dem Bekanntwerden dieser Aufgabe darin einen ganz konkreten Auftrag, der unverzüglich in Angriff zu nehmen war, gesehen, und den auch sogleich das DPZI in Angriff genommen hat. Im Mai 1963 konnte es bereits eine recht detaillierte »Konzeption für die Gestaltung des einheitlichen sozialistischen Bildungswesens« vorlegen, die jedoch zunächst nur Diskussionsgrundlage für die erste Station auf dem Wege zum Bildungsgesetz von 1965 sein sollte. Sie scheint das Schwergewicht auf inhaltliche Reformen gelegt zu haben, ein Eindruck, der sich verstärkt, wenn man die *Gliederung* der *Konzeption* mit Aufmerksamkeit liest. Ihr drittes, offensichtlich das Zentrum bildende Kapitel kündigt nämlich an, daß die einzelnen vorhandenen Bildungsinstitutionen unter dem Gesichtspunkt von »Inhalt und Struktur der Stufen des einheitlichen Bildungswesens« thematisiert wurden.[149] Die Untergliederung läßt erkennen, daß in diesem Rahmen die »Zehnklassige Oberschule« – ein eigenes Unterkapitel – durchaus nicht vernachlässigt worden ist. Gerade deshalb fällt weiter bereits an der Gliederung das 5. Kapitel »Inhalt der Bildung und Erziehung der zehnklassigen Oberschule« auf[150], wird doch auf diese Weise nun unzweideutig angezeigt, daß die *Konzeption* den Fragen der inhaltlichen Neugestaltung des Bildungswesens den Vorrang einräumen wollte. Nimmt man noch die Gedanken hinzu, die im 2. Kapitel als »Allgemeine Grundsätze für die Gestaltung des einheitlichen sozialistischen Bildungswesens« zusammengefaßt sind[151], und die sich wiederum mehr auf dessen Inhalt als seine Struktur beziehen, kann man geradezu von einem Übergewicht inhaltlicher Ausführungen der *Konzeption* sprechen, deshalb dann auch fragen, ob sie überhaupt die Aufgabe, die ihr der VI. Parteitag gestellt hatte, lösen wollte. Im einzelnen sei wie folgt auf die *Konzeption* eingegangen.

Nachdem die ersten sieben der insgesamt zehn allgemeinen Grundsätze – diese erheben den Anspruch, aus den Beschlüssen und Hinweisen des VI. Parteitags abgeleitet worden zu sein und sowohl den Inhalt als auch die Struktur des einheitlichen sozialistischen Bildungswesens *bestimmen* zu wollen – den Fragen der Allgemeinbildung und deren Verhältnis zur beruflichen Bildung wie zur Spezialbildung, dem Wechselverhältnis zwischen Erziehung und Entwicklung und dem von Bildung und Erziehung zentriert um die *inhaltliche* Gestaltung gewidmet sind, gehört dann der achte Grundsatz der ganztägigen Bildung und Erziehung. Hier wird nun stärker, aber keinesfalls ausschließlich, die Abstimmung der Arbeit von Schule und außerschulischen Institutionen in organisatorischer Hinsicht angesprochen, z. B. wenn es heißt: »Die unterrichtliche und die außerschulische Bildung und Erziehung werden zu einem *einheitlichen ganztägigen Bildungs- und Erziehungsprozeß* vereint. Die Einrichtungen der Volksbildung sichern mit Hilfe der sozialistischen Jugend- und Kinderorganisation ein *vielfältiges und inhaltsreiches kollektives Leben der heranwachsenden Generation,* ... In diesen Prozeß der ganztägigen Bildung und Erziehung werden alle bestehenden außerschulischen und außerunterrichtlichen Einrichtungen, wie Schulhorte, Arbeitsgemeinschaften, Zirkel, Klubs, Stationen usw., einbezogen. Entsprechend den ökonomischen Möglichkeiten wird schrittweise die ganztägige Bildung und Erziehung in *Tagesschulen* organisiert.«[152] Daß die Forderung nach Gründung von Tagesschulen bei einem solchen Verständnis von ganztägiger Bildung und Erziehung und diesen Schwierigkeiten, sie organisieren zu können, nicht als besonders dringend angesehen wurde, bedarf keiner weiteren Worte. Der neunte Grundsatz unterstreicht, daß es vor allem bei der Gestaltung eines einheitlichen Bildungswesens auf die Weiterentwicklung des bereits Bestehenden ankomme. Das bestehende Schulsystem werde längst von den Prinzipien der Einheitsschule bestimmt, so daß die aufgetragene Weiterentwicklung nicht ohne Bezug auf den Inhalt verstanden wurde. Weiterentwicklung meinte dann: »*eine volle Einheitlichkeit in Inhalt und Struktur des gesamten Bildungssystems* zu sichern«[153], eine Aufgabe, die man nach dem rückliegenden Stand der Arbeiten an der Bildungsreform längst als gelöst hätte betrachten können. Müssen bereits derartige Zielformulierungen sehr überraschen, wächst doch die Überraschung weiter, wenn die *Konzeption* fortfährt: »Dabei sind die letzten Auswirkungen des Bildungsprivilegs, das in der bürgerlichen Klassengesellschaft bestanden hat, zu überwinden. Besonders aufmerksam muß die Bildung und Erziehung der Kinder der Arbeiter und Bauern und der Mädchen und Frauen gefördert werden.«[154] Mängel, die hier gerügt wurden, rührten im Ernst nicht von strukturellen Fehlern und Lücken her, machten es deshalb auch nicht notwendig, an der Struktur des Bildungswesens Korrekturen vorzunehmen, vielmehr waren sie ganz einfach darauf zurückzuführen, daß einschlägige und geltende Vorschriften wieder einmal nicht beachtet worden waren.

Gerade bezüglich der besonderen Förderung des genannten Personenkreises hatte das Ministerium schon 1955 eindeutige Richtlinien für die Aufnahme von Schülern in die beiden weiterführenden Schulen erlassen, die nicht nur vorgesehen hatten, daß »bei der Auswahl der künftigen Schüler der Mittel- und Oberschule die Kinder der Arbeiter und werktätigen Bauern zu bevorzugen (sind)«, sondern auch die Merkmale für diese Personenkreise angegeben hatten. Danach galten z. B. als Angehörige der Arbeiterklasse: »1. Personen, die seit mindestens fünf Jahren als Arbeiter in Industrie und Landwirtschaft, im Handel, im Handwerk, im Verkehr und ähnlichen Einrichtungen tätig sind; 2. Personen, die Arbeiter waren und jetzt Funktionen der Partei der Arbeiterklasse und der demokratischen Massenorganisationen, der bewaffneten Kräfte, der staatlichen Verwaltung oder der volkseigenen und genossenschaftlichen Wirtschaft bekleiden.« Neben den Kindern der Angehörigen der *Arbeiterklasse* und denen der *werktätigen Bauern,* deren Kennzeichen die Richtlinien gleichfalls nannten, sollten die Kinder der *Werktätigen* – so ausdrücklich – besonders berücksichtigt werden. Dazu zählten, ohne daß die Eigenschaft der Arbeiterklasse vorliegen mußte, z. B.: »4. Angehörige der bewaffneten Kräfte; 5. Angehörige der freischaffenden Intelligenz, die ein positives Verhalten zur Deutschen Demokratischen Republik aufweisen.«[155] Erst nach dem Inkrafttreten des Bildungsgesetzes wurden 1966 neue Aufnahme-Richtlinien veröffentlicht, nach denen zwar »Kinder von Angehörigen der Arbeiterklasse, vor allem von Produktionsarbeitern, und von Mitgliedern landwirtschaftlicher Produktionsgenossenschaften besonders zu berücksichtigen (sind)«, vorweg aber wird empfohlen: »Die vorgeschlagenen Schüler sollen sich sowohl durch gute Leistungen im Unterricht als auch durch einwandfreies Verhalten auszeichnen und ihre Verbundenheit mit unserem Staat durch ihre Haltung und ihre gesellschaftliche Tätigkeit bewiesen haben.«[156]

Von den Vorschlägen zur Strukturveränderung des künftigen Bildungswesens, die die *Konzeption* des DPZI auf der *Grundlage* weit ausgebreiteter Gedanken zur inhaltlichen Reform unterbreitet hatte, beschränken wir uns auf jene, die sich auf die Einrichtungen der allgemeinbildenden Schulen bezogen haben. Hier sollte geprüft werden, ob nicht bereits in die 3. Klasse die erste Fremdsprache Russisch hätte eingeführt werden können, auf jeden Fall – das wurde betont – sollte spätestens damit in der 4. Klasse begonnen werden, ein Vorschlag, der sich jedoch nicht realisieren ließ. Einen geeigneteren Weg als bisher, um das Bildungsniveau der *Unterstufe* der Oberschule anzuheben, erblickte die *Konzeption* des DPZI in der Verwendung von Fachlehrern. Mit einem zeitlich früheren Beginn des Fachunterrichts in der *Unterstufe,* für die dann nicht mehr 4 Klassen wie nach dem Gesetz von 1959, sondern nur noch 3 vorgesehen waren, versprach man sich kräftigere Auswirkungen auf die Gestaltung einer neu geplanten *Mittelstufe* mit den Klassen 4 bis 6 – das Gesetz von 1959 kannte nur – anschließend an die Unterstufe – eine Oberstufe für die Klassen 5 bis 10 –: »Im Vergleich zu der bisherigen Struktur der Klassen 4 bis 6 *setzen einige Fächer früher ein.* In der 4. Klasse beginnen Russisch, Geschichte des Vaterlandes, Geographie und Biologie.«[157] Auf diese Weise hatte die Konzeption des DPZI gemeint, das Unterrichtsniveau in einem dreijährigen Kurs so weit zu steigern, daß mit *Beginn der 7. Klasse* der Unterricht auf einer *qualitativ höheren Stufe* hätte einsetzen können. Diesen Empfehlungen wurde gleichfalls weitgehend nicht entsprochen, die Einteilung in drei Stufen dagegen hat das Bildungswesen später erhalten. Für die *Oberstufe* – bestehend aus den Klassen 5 bis 10 – war der Auftrag von Bedeutung: »Bedingungen und Formen der Differenzierung der ... Oberschule mit Hilfe des fakultativen und wahlweise obligatorischen Unterrichts sind zu untersuchen und zu erproben ... Sie gliedert sich in zwei Abschnitte: Klasse 7 und 8, Klasse 9 und 10; daran schließt sich eine spezielle Facharbeiterausbildung an, in der Regel 1 bis $1^1/_2$ Jahre.«[158] Solche Maßnahmen konnten wieder auf die Strukturierung der *Erweiterten Oberschule* wirken. Für sie wurde erwogen, die drei bekannten Zweige – den naturwissenschaftlichen, den neusprachlichen und den altsprachlichen –, die nach dem Gesetz von 1959 weiterhin nicht strittig geblieben waren, nicht mehr in dieser Form beizubehalten, sondern neu zu konzipieren, und zwar orientiert an den »Forderungen der Studienrichtungen und der Berufe, die für die Absolventen der erweiterten Oberschule hauptsächlich in Betracht kommen«.[159] Neu war der Gedanke, den altsprachlichen Zweig ggf. aus der Erweiterten Oberschule ganz herauszunehmen und seine Aufgaben sog. Spezialschulen zuzuweisen. Mit diesen Schulen, die auch das Bildungsgesetz von 1965 im Unterschied zu dem Gesetz aus dem Jahre 1959 mitaufzählt, werden wir uns besonders beschäftigen.

Die zweite entscheidende Station, die das Bildungsgesetz auf seinem Weg zur Verabschiedung zu durchlaufen hatte, war der »Entwurf der Grundsätze für die Gestaltung des einheitlichen sozialistischen Bildungssystems«, ausgearbeitet von der Staatlichen Kommission beim Ministerrat und vorgelegt im April 1964. Sie zählte zu ihren Mitarbeitern 60 Wissenschaftler, Pädagogen, Verteter der verschiedenen Zweige der Volkswirtschaft und Leiter von staatlichen Organen, die es als ihre Aufgabe angesehen hatten, *Grundsätze* zu formulieren, die den Maßnahmen zur Durchführung der geplanten Bildungsreform als Orientierungsrahmen dienen sollten. In noch weit stärkerem Maße als es bei der *Konzeption* des DPZI zu verzeichnen war, wandten sie sich der Entwicklung von Gedanken zur inhaltlichen Reform zu, wollten sie auch – wie der II. Abschnitt vermuten läßt, »Inhalt und Struktur des einheitlichen sozialistischen Bildungssystems«[160] – die strukturellen Fragen nicht ganz ausklammern.

Hierzu ist zu lesen: »Die Einheitlichkeit in der Zielsetzung und in der Struktur des Bildungswesens gewährleistet, daß jedem Heranwachsenden der Zugang zu allen Stufen des Bildungswesens ... ohne schulorganisatorische Sackgasse möglich ist.«[161] Abgesehen von diesen recht unbedeutenden, weil längst Bekanntes wiederholenden Erklärungen findet sich überraschenderweise der Satz – »Einheitlichkeit der Struktur bedingt Einheitlichkeit im Aufbau und Systematik in der Anordnung grundlegender Bildungsinhalte«[162] –, ein Satz, der konzentriert die gesamte Problematik jeder Bildungsreform enthält. Er gibt zwar die Schrittfolge wieder, die jede Bildungsreform zu beachten hat, macht aber gleichzeitig deutlich, daß strukturelle Veränderungen allein Halbheiten bleiben müssen. Gerade weil die *Grundsätze* dieses Bedingungsverhältnis von Strukturreform und inhaltlicher Reform bewußt und klar angesprochen haben, hätte man umso mehr auch auf eine überzeugendere Begründung für die geplante Einheitlichkeit der Struktur des Bildungswesens hoffen können. Als solche haben sie jedoch nur angeführt: »Einheitlichkeit heißt jedoch nicht Gleichförmigkeit und Gleichartigkeit. Sie schließt notwendige Differenzierungen in den Bildungswegen und Ausbildungsformen entsprechend den gesellschaftlichen Erfordernissen und den individuellen Begabungen ein. Dabei sind in jedem Falle die einheitlichen allgemeinbildenden Grundlagen zu sichern.«[163] Es schließt sich an eine Aufzählung der »grundlegenden Bestandteile des einheitlichen sozialistischen Bildungssystems«, wie sie – bis auf die eigens genannten *Spezialschulen* – das Bildungsgesetz übernommen hat. Für die drei Stufen, in die die zehnklassige allgemeinbildende Oberschule gegliedert werden sollte, stößt man auf die Begründung, sie »erweist sich nach den bisherigen Erfahrungen bei dem Aufbau der sozialistischen Schule nach internationalen Vergleichen und ersten Ergebnissen wissenschaftlicher Untersuchungen als zweckmäßig. Sie entwickelt die bestehende Struktur der Oberschule in einer solchen Weise weiter, daß eine hohe Effektivität des Lehrens und Lernens, der Bildung und Erziehung entsprechend den entwicklungspsychologischen Gesetzmäßigkeiten der Kinder und Jugendlichen ermöglicht wird.«[164]

Die *Spezialschulen* wurden und werden noch in der einschlägigen Literatur im Unterschied zu den übrigen Schulen und sonstigen Bildungsbereichen, die das Gesetz erfaßt hat, kaum gewürdigt. Das soll hier, wenn auch in der gebotenen Kürze, geschehen. Den Gründen näher nachzugehen, warum das Bildungsgesetz, abweichend von den Vorschlägen der *Grundsätze* der Kommission, die Spezialschulen nicht bei den grundlegenden Bestandteilen des Bildungssystems aufgezählt hat, müssen wir uns an dieser Stelle versagen. Das Gesetz von 1959 hatte ihre Rechtsverhältnisse nicht geregelt, sie überhaupt nicht erwähnt, obwohl sie zu jener Zeit durchaus nicht unbekannt waren. Bereits in einem Schema, entworfen in der DDR und gültig für die Schulen der DDR in der Zeit von *1945 bis 1959,* haben sie einen sichtbaren Platz gefunden; die *Darstellung* dieses Zeitraums beachtet sie allerdings nicht.[165] Die ersten Kinder- und Jugendsportschulen wurden 1952 als *Sonderformen der allgemeinbildenden Schulen* – grundsätzlich der damaligen Oberschule – eröffnet, von denen es bis zum Schuljahr 1958/59 23 gab. Sie waren deshalb in den meisten Fällen mit einem Schulsystem, das die Klassen 5 bis 12 führte, vereinigt und boten ihren Schülern die Möglichkeit, das Abitur zu erwerben. Zur gleichen Zeit wurden ähnliche Sonderformen allgemeinbildender Schulen mit *erweitertem Russischunterricht* gegründet, die diese Sprache schon ab der 3. Klasse lehrten. Früh wurden in der DDR wieder die beiden Chöre – der Kreuzchor und der Thomanerchor – aufgebaut. Über die auszuwählenden Schüler ist zu lesen: »Die Auswahl der Schüler erfolgt im wesentlichen nach Stimmqualität, Gehör, Blattsinge-Fertigkeit, auf Grund theoretischer Kenntnisse und sehr guter Leistungen in allen Fächern. Da das Angebot an Bewerbern sehr groß ist, wird eine strenge Auslese getroffen. Bei den Thomanern geht der musikalischen Prüfung eine Fachprüfung in Deutsch und Rechnen voraus. Nur wenn sehr gute Ergebnisse erzielt wurden, wird die musikalische Eignungsprüfung eingeleitet . . . Im Thomanerchor singen heute viele Arbeitersöhne.«[166] Nicht uninteressant dürfte es sein, auch von der Einrichtung von *Kadettenschulen* der Nationalen Volksarmee zu erfahren, zu denen gleichfalls nur Schüler mit guten und sehr guten Leistungen Zugang fanden. Von ihnen erwartete man, daß sie den Beruf des Offiziers ergriffen. Zum Erziehungsziel dieser Schulen wurde erklärt: »In den Kadetten werden Bereitschaft und Liebe zum Militärwesen und zum Dienst in der Nationalen Volksarmee entwickelt. Sie werden zu hohem Verantwortungsbewußtsein, zur Selbständigkeit und zur Einhaltung der militärischen Disziplin erzogen.«[167]

Daß die Diskussion um die Einrichtung von Spezialschulen einer breiteren pädagogischen Öffentlichkeit zugänglich gemacht werden konnte, war zweifelsohne mit ein Verdienst, das sich das DPZI mit seiner *Konzeption für die Gestaltung des Bildungswesens* erworben hat. Es sollte auf der vorhandenen Grundlage unter Berücksichtigung der seinerzeitigen aktuellen Bedürfnisse weiter aufgebaut bzw. intensiviert werden, was schon aufgebaut worden war. So wurde als Leitgedanke formuliert: »Um den Bedürfnissen der führenden Wirtschaftszweige zu entsprechen, wird gegenwärtig besonderes Gewicht auf die Entwicklung von Spezialschulen zur Ausbildung in Berufen gelegt, die für die Entwicklung der Volkswirtschaft von besonderer Bedeutung sind.«[168] Sie sollten mit der 7. Klasse beginnen und entweder zum Abschluß der zehnklassigen Oberschule mit der Facharbeiterprüfung, zu erwerben in einem anschließenden 11. Schuljahr, oder zum Abschluß der Erweiterten Oberschule, dem Abitur mit einer Facharbeiterprüfung führen. Die *Konzeption* sprach sich für vielfältige Differenzierung, ausgerichtet auf die Berufe der genannten Lebensbereiche, aus, wollte aber den Charakter der Spezialschulen als allgemeinbildende Schulen nicht angetastet wissen: »Die Differenzierung . . . ist durch beide Ziele bestimmt und begrenzt: hohe Allgemeinbildung (die gegenüber dem bisherigen Niveau sowohl insgesamt als auch in allen einzelnen Fächern gesteigert werden muß) und spezielle Berufsbildung (die entsprechend den Besonderheiten der ausgewählten Berufe überdurchschnittliche Anforderungen stellt).«[169] Bedeutsam an der *Konzeption* dürfte noch der Gedanke sein, Spezialschulen eng mit einem Betrieb aus einem führenden Wirtschaftszweig oder einer wissenschaftlichen Institution zu verbinden. Es bedarf keiner weiteren Worte, daß die Spezialschulen nach diesen Vorschlägen vorrangig an Wirtschaft und Technik orientiert waren, obwohl sie auch für die Gebiete der Wissenschaft und Kultur zugestanden wurden; ihre Funktion bestand ganz allgemein darin, besondere Begabungen und Talente zu fördern.

Tatsächlich wurden schneller als vermutet diese Empfehlungen von einem Beschluß des Ministerrats vom Juli 1963 aufgegriffen und angeordnet: »Ab 1. September 1964 wird mit der Einrichtung der ersten Spezialschulen und -klassen begonnen.«[170] An ihren nach der *Konzeption* des DPZI umrissenen Aufgaben hatte sich kaum etwas geändert. Gewichtet werden sollte vor allem der mathematisch-naturwissenschaftliche Unterricht: »Einzelne mathematisch-naturwissenschaftliche Fächer werden entsprechend den jeweiligen Anforderungen der führenden Zweige der Volkswirtschaft und den Erfordernissen der beruflichen Ausbildung inhaltlich differenziert.«[171] Was

Beginn und Ziel der Spezialschulen betrifft, verblieb es beim Vorschlag der *Konzeption*. Organisatorisch ergänzte der Beschluß: »Entsprechend den volkswirtschaftlichen Möglichkeiten sind diese Klassen und Schulen zu Tagesklassen und Tagesschulen zu entwickeln und Internatsplätze zu nutzen ... Spezialschulen sind selbständige Einrichtungen der Volksbildung mit eigener Leitung ... Spezialklassen werden an zehnklassige und erweiterte Oberschulen angeschlossen.«[172]

Einerseits differenzierter, andererseits aber abstrakter geregelt hat das Bildungsgesetz von 1965 die Rechtsverhältnisse dieser Schulen und Klassen in § 18. Ausdrücklich wird daran festgehalten, daß Spezialschulen allgemeinbildende Schulen sind (Abs. 1), über ihren Standort jedoch wird nichts Bestimmtes gesagt. Diesen legt das Ministerium fest mit der Auflage des Gesetzgebers: »Spezialschulen und Spezialklassen sind nur in begrenztem Umfang zu errichten.« (Abs. 4) Vorgesehen sind sie für technische, mathematische, naturwissenschaftliche, sprachliche, künstlerische und sportliche Richtungen (Abs. 2).[173]

3.2. Die sozialistische Persönlichkeit in den Verlautbarungen der Partei

Das Prinzip, aus dem der Entwurf der Grundsätze für die Gestaltung des Bildungssystems seine Vorschläge zur Inhalts- und Strukturbestimmung abgeleitet hatte – Einheitlichkeit der Struktur bedingt Einheitlichkeit im Aufbau und Systematik in der Anordnung der grundlegenden Bildungsinhalte – setzt für jede Form der Konkretisierung ausdrücklich oder stillschweigend die Angabe eines Zieles voraus, das das jeweilige Bildungswesen mit dieser daraufhin orientierten Struktur und den ihr entsprechend ausgewählten Inhalten erreichen will. Hieraus folgt, daß bereits bei der Durchführung von Strukturreformen, sofern sie nicht mit inhaltlichen Reformen gekoppelt sind, die Zielformulierung feststehen muß. Wir erinnern daran, daß das erste Schulgesetz diese Forderung auch erfüllt hatte, sichtbar erfüllt hatte, indem es das Ziel allen weiteren Vorschriften in § 1 vorausschickte, »die Jugend zu selbständig denkenden und verantwortungsbewußt handelnden Menschen (zu) erziehen, die fähig und bereit sind, sich voll in den Dienst der Gemeinschaft des Volkes zu stellen«.[174] Im Unterschied hierzu verfuhr das Gesetz von 1959, das zwar gleichfalls das Ziel bzw. Ziele nannte, sie aber in seiner Systematik nicht an den Anfang setzte, sondern sie an mehreren Stellen, z. T. wiederholend plazierte, z. B. in § 3, Abs. 1: »Die Schule hat die Jugend auf das Leben und die Arbeit im Sozialismus vorzubereiten, sie zu allseitig polytechnisch gebildeten Menschen zu erziehen und ein hohes Bildungsniveau zu sichern. Sie erzieht die Kinder und Jugendlichen zur Solidarität und zu kollektivem Handeln, zur Liebe zur Arbeit und zu den arbeitenden Menschen und entwickelt alle ihre geistigen und körperlichen Fähigkeiten zum Wohle des Volkes und der Nation.«[175] Das Bildungsgesetz von 1965 dagegen verfährt wieder wie das Schulgesetz von 1946 und beginnt in § 1, Abs. 1, mit der Umschreibung des Zieles, das es erreichen will: »Das Ziel des einheitlichen sozialistischen Bildungssystems ist eine hohe Bildung des ganzen Volkes, die Bildung und Erziehung allseitig und harmonisch entwickelter sozialistischer Persönlichkeiten, die bewußt das gesellschaftliche Leben gestalten, die Natur verändern und ein erfülltes, glückliches, menschenwürdiges Leben führen.«[176]

Nun kann an dieser Stelle nicht die Entwicklung des Erziehungszieles von 1946 bis 1965 analysiert werden, sondern es muß mit dem Hinweis genug sein, daß man versuchte, den vier historischen Entwicklungsperioden, die die DDR durchschritten hat, vier bestimmte Grundtypen des Erziehungszieles zuzuordnen: »Die SED hat es verstanden, bei der Ausarbeitung des Erziehungszieles für unser Schulwesen in allen Entwicklungsetappen unserer antifaschistisch-demokratischen und sozialistischen Revolution der Dialektik von Allgemeinem und Besonderem gerecht zu werden, kontinuierlich auf die Heranbildung allseitig entwickelter Persönlichkeiten zu orientieren und zugleich solche Schwerpunktaufgaben zu stellen, die den Erfordernissen der jeweiligen Situation entsprachen. So wurde es möglich, den Kampf für die Festigung unserer Republik und die Sicherung des Friedens mit der schrittweisen Verwirklichung des allgemeinen sozialistischen Erziehungszieles zu verknüpfen.«[177] Gespannt sollten einen diese Aussagen jedoch darauf machen, was die *gegenwärtige* Entwicklungsperiode des umfassenden Aufbaus des Sozialismus konkret unter diesem Erziehungsziel versteht, zumal doch das Bildungsgesetz eine Konkretisierung eher vermieden als angegeben hat, es sei denn, sie soll im § 1, Abs. 2, erblickt werden, wo es heißt: »Das sozialistische Bildungssystem trägt wesentlich dazu bei, die Bürger zu befähigen, die sozialistische Gesellschaft zu gestalten, die technische Revolution zu meistern und an der Entwicklung der sozialistischen Demokratie mitzuwirken. Es vermittelt den Menschen eine moderne Allgemeinbildung und eine hohe Spezialbildung und bildet in ihnen zugleich Charakterzüge im Sinne der Grundsätze der sozialistischen Moral heraus. Das sozialistische Bildungssystem befähigt sie, als gute Staatsbürger wertvolle Arbeit zu leisten, ständig weiter zu lernen, sich gesellschaftlich zu betätigen, mitzuplanen und Verantwortung zu übernehmen, gesund zu bleiben, die Freizeit sinnvoll zu nutzen, Sport zu treiben und die Künste zu pflegen.«[178] Ganz ohne Zweifel werden hier Ziele detailliert ausgesprochen und wird zugleich versprochen, daß das sozialistische Bildungssystem in der Lage sei, sie auch zu erreichen.

Hatte man damit zunächst vorausgesetzt, daß diese Teilziele aus dem allgemeinen Ziel ohne weitere Fragen folgen würden, so zeigte sich jedoch bald, daß bisher weit unterschätzte Schwierigkeiten vorlagen, die sich hemmend auf den Umsetzungsprozeß von Ziel und Teilzielen auszuwirken drohten. Die Forschungsarbeiten haben in diesem Bereich wie auch in allen anderen Bereichen die *parteiamtlichen Verlautbarungen* gelenkt und geleitet, sie ggf. unterstützt und immer wieder in Gang gehalten. Deshalb ist es unerläßlich für das Verständnis der theoretischen Konzeption, die entwickelt worden ist, um die Forderungen des Bildungsgesetzes von 1965 umzusetzen, sich damit genauer bekannt zu machen.

Bewußt gebraucht, allerdings als ein Merkmal der *sozialisti-*

schen Erziehung neben anderen Merkmalen hatte, die *allseitige Persönlichkeitsentwicklung* bereits der Beschluß des V. Parteitags, in dem u. a. programmatisch die anstehenden Aufgaben für die sozialistische Umgestaltung auf kulturellem Gebiet formuliert wurden. »Sozialistische Erziehung heißt:« – nach diesem Beschluß – »allseitige Entwicklung der Persönlichkeit, Erziehung zur Solidarität und zu kollektivem Handeln, Erziehung zur Liebe zur Arbeit, Erziehung zu kämpferischer Aktivität, Vermittlung einer hohen theoretischen und musischen Allgemeinbildung, Entfaltung aller geistigen und körperlichen Fähigkeiten, das heißt Bildung des sozialistischen Bewußtseins zum Wohle des Volkes und der Nation.«[179]

Der fünf Jahre später zusammengerufene VI. Parteitag fand keine besondere Veranlassung, sich mit Zielfragen von Erziehung und Unterricht näher zu befassen und das diesbezüglich recht spärlich ausgefallene Ergebnis des V. Parteitags zu korrigieren.

Eine deutliche Wende ist auf dem nächsten, dem VII. Parteitag 1967, zu bemerken. Das Bildungsgesetz war kurze Zeit in Kraft und hatte verlangt, daß über die Arbeit mit ihm eine erste, wenn auch vorläufige Rechnung gelegt werden sollte. In seinem Referat »Die gesellschaftliche Entwicklung in der Deutschen Demokratischen Republik bis zur Vollendung des Sozialismus« machte W. Ulbricht auf die Schwierigkeiten aufmerksam, die bei der Realisierung der Forderungen des Bildungsgesetzes von 1965 aufgetreten waren bzw. auftreten würden, ihren Grund in einer fehlenden zeitgerechten Persönlichkeitstheorie hätten und unverzüglich zu lösen wären. Er erklärte: »Ein solches Problem, das immer wieder neu zu stellen und zu lösen ist, lautet: Was verlangt die Zukunft von der Bildung der Bürger der DDR? Die Anstrengungen unserer sozialistischen Ordnung gelten in erster Linie der allseitigen Entwicklung der sozialistischen Persönlichkeit und der Befriedigung ihrer geistig-kulturellen und materiellen Bedürfnisse.... Hohe allseitige Bildung ist heute nicht mehr nur Mittel zur Meisterung der modernen Produktivkräfte. Sie wird für die Bürger der DDR zu einem wesentlichen Bereich schöpferischer geistig-kultureller Betätigung, wodurch sich ihre eigene Persönlichkeit formt ... Vor den Pädagogen steht die Aufgabe, gemeinsam mit anderen Gesellschaftswissenschaftlern die Theorie und Praxis der allseitigen Bildung des Menschen weiter auszuarbeiten.«[180] Aus diesen Sätzen ist zu entnehmen, daß Fragen der Persönlichkeitsbildung nicht mehr allein auf die Pädagogik begrenzt verstanden werden, deshalb auch nicht allein von ihr beantwortet werden können, sondern die Unterstützung anderer Gesellschaftswissenschaften erforderlich machen.

Im Gegensatz zu den drei genannten Parteitagen hat der VIII. Parteitag vom Juni 1971 den Fragen der Persönlichkeitsbildung einen gänzlich neuen Stellenwert beigemessen. Äußerlich sichtbar kommt er bereits dadurch zum Ausdruck, daß diese Fragen in einem eigenen Abschnitt im II. Kapitel des Berichtes des ZK vorgetragen worden sind. War es während der verflossenen Parteitage üblich gewesen, sämtliche Ausführungen zur Bildung und Erziehung in die Stellungnahmen zum jeweiligen Stand der Schul- und Schulreformarbeit einzubeziehen, so wurden diese nun abgehandelt im Abschnitt »Die Herausbildung der sozialistischen Persönlichkeit – eine Hauptaufgabe der Partei bei der Gestaltung der sozialistischen Gesellschaftsordnung.«[181] Zweierlei zeigen allein diese Formulierungen an: einmal daß die Persönlichkeitsbildung zu einem zentralen Anliegen bei der Gestaltung der sozialistischen Gesellschaft, dem sich die Parteiarbeit vorrangig zu widmen habe, erklärt wird, zum anderen, daß hier von einem besonderen, offensichtlich historischen Sachverhalt, der Entwicklung der sozialistischen Gesellschaft, die Rede ist, ein Sachverhalt, der die Frage nach seinem Verhältnis zur Epoche des umfassenden Aufbaus des Sozialismus aufwirft. Da für diese Epoche die Persönlichkeitsbildung keineswegs so in den Vordergrund getreten war, wie das seit dem VIII. Parteitag gegenwärtig der Fall ist, liegt die Vermutung nahe, daß die unterschiedlich gesehenen bildungspolitischen Aufgaben an voneinander zu unterscheidende Entwicklungsperioden gebunden waren bzw. es sind. Ohne auf diese Frage, deren Aktualität daraus zu erkennen ist, daß sie in Moskau kurz nach dem letzten Parteitag Gegenstand eines gemeinsamen Symposions von der Akademie für Gesellschaftswissenschaften beim ZK der KPdSU und des Instituts für Gesellschaftswissenschaften beim ZK der SED war[182], hier näher eingehen zu können, ist sie jedoch soweit zu klären, wie es für das Verständnis der vorrangigen Bedeutung der gegenwärtigen Persönlichkeitsforschung notwendig ist.

Erich Honecker leitete das II. Kapitel des Berichts des ZK an den VIII. Parteitag mit den Worten ein: »Seitdem in unserem Lande die sozialistischen Produktionsverhältnisse gesiegt haben, arbeiten wir daran, umfassend und allseitig die entwickelte sozialistische Gesellschaft zu gestalten.«[183] Ein neuer Sprachgebrauch hat sich zu dem seit dem VI. Parteitag vom *umfassenden Aufbau des Sozialismus* hier Platz geschaffen mit der rasch zum eigenen Begriff gewordenen Bezeichnung der gegenwärtigen Epoche als Stadium der entwickelten sozialistischen Gesellschaft. Nicht überall wirkte das klärend, bewirkte vielmehr z. T. erhebliche Unsicherheiten, die K. Hager noch im Jahre 1971 auf einer Tagung der Gesellschaftswissenschaftler zu beseitigen versuchte. In seinem Referat mit dem Thema »Die entwickelte sozialistische Gesellschaft« führte er aus: »Die Begriffe ›umfassender Aufbau des Sozialismus‹, ›entwickeltes gesellschaftliches System des Sozialismus‹ und ›entwickelte sozialistische Gesellschaft‹ bezeichnen im wesentlichen das gleiche, nämlich den reifen oder entwickelten Sozialismus. Der Aufbau des Sozialismus verlangt, alle Bereiche des gesellschaftlichen Lebens ausgewogen und im richtigen Verhältnis zueinander zu entwickeln. Wenn der VIII. Parteitag nicht mehr den Begriff ›entwickeltes gesellschaftliches *System* des Sozialismus‹ gebraucht, so heißt das natürlich nicht, daß der Sozialismus keine Gesamtheit gesellschaftlicher Beziehungen darstellt. Es gilt aber folgendes zu beachten: In der Sowjetunion wurde zuerst die entwickelte sozialistische Gesellschaft errichtet. In anderen sozialistischen Ländern wurde im Verlaufe der sechziger Jahre die umfassende Gestaltung der entwickelten sozialistischen Gesellschaft eingeleitet.«[184] Sicherlich wird hier besonders betont, daß jene Begriffe *im wesentlichen* den gleichen Sachverhalt bezeichnen, ihn – so könnte man ergänzen – aber eben *nur* im wesentlichen gleich bezeichnen, Unterschiede damit also zulassen bzw. sogar einschließen. Die Feinheiten, die mit dem neuen Sprachgebrauch zum Ausdruck gebracht werden sollen, beruhen nicht zuletzt auf Mißverständnissen über die zeitliche Dauer der Etappe des Sozialismus.

Der Bericht des ZK führt zur Herausbildung der sozialistischen Persönlichkeit aus: »Eines der edelsten Ziele und eine der größten Errungenschaften der sozialistischen Gesellschaft ist die allseitige entwickelte Persönlichkeit. Dabei handelt es sich nicht um ein Ziel, das erst in ferner Zukunft erreicht wird. Wenn wir hier von ›Persönlichkeit‹ sprechen, meinen wir eine besonders charakteristische, geistige und moralische Ausprägung des menschlichen Individuums . . . Sozialistische Persönlichkeiten entwickeln sich in ihren Arbeitskollektiven, im Ringen um höchste Ergebnisse im sozialistischen Wettbewerb, beim Lernen, im Sport und bei der Aneignung der Schätze der Kultur, bei der Teilnahme an der Leitung und Planung unserer Gesellschaft auf allen Gebieten. Nachhaltigen Einfluß übt die ideologische Arbeit auf die Entwicklung des Menschen aus.«[185] Der VIII. Parteitag machte auf diese Weise darauf aufmerksam, daß sich hinter der bislang doch recht formelhaften Verwendung der *allseitigen Bildung der sozialistischen Persönlichkeit* ein sehr komplexer Sachverhalt verborgen hält, dessen Analyse nicht länger aufgeschoben werden durfte. Er selbst versuchte, einen ersten Beitrag zur Präzisierung des allgemeinen Erziehungszieles zu liefern. Das geschah nicht auf dem üblichen Wege mehr oder weniger abstrakt gehaltener Definitionen, sondern mit Hilfe von *Handlungsfeldern* des Menschen, in denen er tätig und in die er eingelassen ist. Von ihnen wird dabei vorausgesetzt, daß sie die Herausbildung sozialistischer Persönlichkeiten, mindestens jedoch einzelner wesentlicher Merkmale, bedingen. Die Berechtigung, Voraussetzungen dieser Art als erfüllt annehmen zu können, leitete der VIII. Parteitag aus dem erreichten ökonomischen Entwicklungsstand der DDR, der s. E. bereits eine Form aufweisen könne, die es den *Arbeitern* erlaube, ihren Gesichtskreis zu weiten, ab. Sie seien nicht mehr ausschließlich der Gefangene rein persönlicher Angelegenheiten, vielmehr würden ihr Interesse und Verständnis »zunehmend von der Verantwortung für das Ganze, den Betrieb, die Volkswirtschaft und die sozialistische Gesellschaft bestimmt werden«.[186] Dieses Interesse greife dann auch auf die Bereiche der Kultur über, rege zu Gedanken darüber an, welchen Platz Bildung und Weiterbildung, Gemeinschaftssinn und Gemeinschaftsarbeit im Leben der sozialistischen Gesellschaft habe. Kein Zufall ist es deshalb, wenn bei der Aufzählung der Handlungsfelder, in denen sich Bildung und Erziehung sozialistischer Persönlichkeiten vollziehen, mit dem *Lernen in der Schule* begonnen wird. Sicherlich schafft dieses die Grundlagen in einem Prozeß, der jedoch weit über die Schulzeit hinausreicht, ja wohl danach erst voll in Gang gesetzt wird. Die Maßgeblichkeit dieser Grundlagenbildung liegt vor allem darin, daß Bildung und Erziehung in der Schule auf ihr Ziel hin planmäßig und kontrolliert gesteuert werden und damit die Weichen für den Prozeßverlauf nach und außerhalb der Schule entscheidend stellen.

Die Handlungsfelder, die der VIII. Parteitag für die Bildung und Erziehung der Persönlichkeit aufgetan hat, scheinen den Arbeitsplatz und das Arbeitskollektiv in den Vordergrund rükken zu wollen, eine Absicht, die dann im Beschluß des Politbüros vom November 1972 durchaus eine Bestätigung gefunden hat, wo es u. a. heißt: »Beispielhaft sind die neuen sozialistischen Denk- und Verhaltensweisen der Menschen zu popularisieren: fester Klassenstandpunkt, vorbildliche Arbeit, hoher Einsatz für die gemeinsame Sache, Verteidigungsbereitschaft, Kameradschaftlichkeit, gegenseitige Hilfe, Selbstbewußtsein und zugleich Bescheidenheit im Auftreten, Verantwortung für das Ganze und andere, unserer sozialistischen Lebensweise entsprechende Haltungen. Das verlangt, Verhaltensweisen offen bloßzulegen und geduldig zu bekämpfen, die dem Sozialismus fremd sind und der sozialistischen Moral widersprechen. Das betrifft Spießertum, Egoismus, Selbstherrlichkeit, Subjektivismus, Herzlosigkeit und Ungerechtigkeit.«[187] Leicht hätte sich nach diesen Äußerungen höchster Parteidienststellen die Ansicht ausbreiten können, als unterläge der Prozeß der Persönlichkeitsbildung Einschränkungen durch das Arbeitskollektiv. Um Mißverständnisse solcher Art rasch zu beseitigen, nahm hierzu auf einer Konferenz des ZK, ebenfalls im November 1972 abgehalten, W. Lambert in seinem Referat zum Thema »Über die Aufgaben von Agitation und Propaganda bei der weiteren Verwirklichung der Beschlüsse des VIII. Parteitages« Stellung und führte aus: »Natürlich beschränkt sich der Prozeß der Persönlichkeitsformung nicht auf den Wirkungsbereich des Arbeitskollektivs. Die Tätigkeit als Schöffe oder Abgeordneter der örtlichen Volksvertretung, die Mitwirkung im Elternaktiv oder im Volkskunstzirkel erschließen ebenso der Entwicklung wichtiger Seiten der sozialistischen Persönlichkeit weite Räume. Und doch messen wir der Persönlichkeitsformung im Arbeitskollektiv grundlegende Bedeutung bei. Hier verbringt der erwachsene Mensch den größten Teil seines bewußten Lebens. Hier wirkt er in erster Linie an der Gestaltung unserer Gesellschaft mit – im Arbeitsprozeß wie bei der Wahrnehmung seiner Rechte und Pflichten als Gewerkschafter oder Mitglied der Betriebsorganisation.«[188]

Welches Gewicht dem Komplex Persönlichkeitsbildung vonseiten der Partei im Anschluß an den VIII. Parteitag verliehen wurde, beweisen nicht nur die sehr zahlreichen kleineren Veröffentlichungen, sondern darüber hinaus zwei umfangreiche Untersuchungen aus dem Raume der Parteihochschule, die diesem Komplex größte Aufmerksamkeit geschenkt haben. Zum Verhältnis von Persönlichkeit und Gemeinschaft bei der Gestaltung des entwickelten Sozialismus schreibt das Werk »Lebensweise und Moral im Sozialismus« – eine Arbeit des Instituts für Gesellschaftswissenschaften beim ZK –: »In ihrer Politik geht die marxistisch-leninistische Partei stets von der Erkenntnis aus, daß sich sozialistische Persönlichkeiten vor allem durch aktives und schöpferisches Tätigsein im Prozeß der revolutionären Veränderung der Gesellschaft entwickeln. Darin werden die wesentlichen Faktoren sozialistischer Persönlichkeitsentwicklung wirksam: eigene schöpferische Arbeit auf der Grundlage sozialistischer Produktionsverhältnisse, die politisch-ideologische und erzieherische Tätigkeit der Partei sowie des sozialistischen Staates, . . . die Gestaltung sozialistischer

Beziehung in allen Bereichen des gesellschaftlichen und persönlichen Lebens und das ständige Streben nach weltanschaulicher, politischer und fachlicher Bildung und Weiterbildung.«[189] Aufgrund dieser Darlegungen könnte leicht der Eindruck entstehen, als sei hier eine gewisse Ungleichheit der Chancen zu verzeichnen: Der politisch aktive, und zwar der politisch führende aktive Mensch genieße eine Reihe von Vorteilen, die den Prozeß *seiner* Persönlichkeitsbildung beschleunigen würden. Ganz im Einklang mit dem Beitrag von W. Lambert wird jedoch dieser Eindruck rasch wieder beseitigt, wenn an anderer Stelle zu lesen ist: »Wir finden die Merkmale sozialistischer Persönlichkeiten im Handeln der Arbeiter, Techniker und Ingenieure, die um die Steigerung der Arbeitsproduktivität ringen, bei den Wissenschaftlern, die nach hohen Forschungsergebnissen streben, im Wirken der Genossenschaftsbauern . . ., wir finden sie im Wirken jener Frauen, die ihre gesellschaftlichen Aufgaben beharrlich lösen, die sich qualifizieren und viel Verantwortung für die Erziehung der Kinder und die harmonische Entwicklung der Familie übernehmen.«[190] Mit dieser Aufzählung nahezu alle Lebensbereiche und Lebenssituationen am Entwicklungsprozeß sozialistischer Persönlichkeiten teilnehmen lassen zu wollen, ist es jedoch nicht genug. Die lange Liste wird fortgesetzt, auf deren Bekanntgabe deshalb nicht verzichtet werden kann, weil das Bemühen um Präzisierung des allgemeinen Erziehungsziels damit ins Gegenteil verkehrt und wieder zu einer abstrakten Formel zurückgekehrt wird: »Ein wichtiges Merkmal sozialistischer Persönlichkeiten ist ihr ständiges Streben, klüger, besser, vollkommener und damit auch für die Gesellschaft nützlicher zu werden, also ein Mensch zu sein, der, wie Marx schrieb, nicht irgend etwas Gewordenes zu bleiben sucht, sondern in der absoluten Bewegung des Werdens ist.«[191] Und die Gefahr, die zu vermuten war, bei einer Formel zu landen, hat sich bewahrheitet; sie gipfelt in dem Satz: »Persönlichkeit ist, wer Schwierigkeiten nicht ausweicht, sondern sich der Forderung des Tages stellt.«[192]

Das zweite Werk, entstanden an der Parteihochschule beim ZK »Kultur im gesellschaftlichen Leben«, hat im Prozeß der

Persönlichkeitsbildung die Funktion der Schule zwar auch angesprochen, aber doch deutlich gemacht, daß man ihre Möglichkeiten nicht überschätzen sollte, ja daß von ihr nicht mehr als gegebenenfalls die Schaffung der Grundlagen erwartet werden könne, auf denen sich die Persönlichkeit dann entwickle. »Maßstab für die Bewertung der Persönlichkeit«, so heißt es, »kann für uns nie sein, welche Schule ein Mensch besucht oder welchen Abschluß er erreicht hat, sondern stets, was er weiß und kann und wie er sein Wissen nutzt, wie er sich in die gesellschaftlichen Prozesse einordnet. Wissen und Können sind natürlich Wesenszüge der sozialistischen Persönlichkeit, aber zu Elementen der Persönlichkeitsentwicklung werden sie erst durch die staatsbürgerliche Aktivität. Die Persönlichkeit offenbart sich in ihren vielseitigen Interessen, in der Aktivität, im Verantwortungsgefühl für alle gesellschaftlichen Bereiche, nicht nur für die Produktion, in der schöpferischen Selbständigkeit und in der Wißbegierde. Von einem gebildeten Menschen kann man im eigentlichen Sinne erst dann sprechen, wenn er das Wissen tatsächlich ›verarbeitet‹ hat, wenn es untrennbarer Bestandteil seines Wesens geworden ist.«[193] Unbestritten wird damit einem Verständnis von Schule eine Absage erteilt, das selbstgenügsam in sich verharrt und meint, mit Wissens- und Kenntnisvermittlung sei das Problem der Persönlichkeitsbildung allein schon weitgehend gelöst. Jene Ausführungen bedeuten einen Aufruf, die Arbeit der Schule auf dieses Ziel hin neu zu orientieren und, wenn es erforderlich wird, sie zu reformieren.

3.3. Das neue Lehrplanwerk und die Persönlichkeitsbildung

Nach der These – Strukturveränderungen bedingen Veränderungen des Inhalts –, mit denen die *Grundsätze für die Gestaltung des Bildungssystems* an die Öffentlichkeit getreten waren, um aus den Diskussionsergebnissen letzte Anregungen für die Fassung des Bildungsgesetzes zu erhalten, mußte wie bei jeder so auch dieser neuen Konzeption zur Struktur der künftige Inhalt mitbedacht werden. Wir konnten uns davon überzeugen, daß die Vorarbeiten, angefangen bei den ersten in der *Konzeption für die Gestaltung des einheitlichen sozialistischen Bildungswesens* 1963 zusammengestellten Gesamtergebnissen, und das Gesetz selbst eindeutig zeigen, daß die These nicht unbeachtet geblieben war. Daraus wiederum folgte, daß das zum Schuljahr 1959/60 dem Unterricht in den Schulen zugrunde gelegte Lehrplanwerk – so könnte man sagen – fast im Zeitpunkt der Übergabe als den Ansprüchen der Zeit nicht voll gerecht und deshalb revisionsbedürftig angesehen wurde. Für die künftigen Anforderungen an die Schulen in der Periode des umfassenden Aufbaus des Sozialismus scheinen die Gestalter der Lehrpläne von 1959 nur eine recht kurze Zeitspanne vorausgesehen zu haben, mußten deshalb Entwicklung und Verlauf dieser Periode ggf. stören, so daß M. Honecker auf der schon in anderem Zusammenhang erwähnten Konferenz der Schulräte vor Beginn des Schuljahres 1964 – also noch ein Jahr vor Inkrafttreten des Bildungsgesetzes – verständlicherweise erklärte: »Unsere Bildungskonzeption ist das Programm unserer Arbeit für die ganze Periode des umfassenden Aufbaus des Sozialismus.«[194] Der von ihr nun vorgetragene Plan zur Fixierung der Bildungskonzeption nannte an erster Stelle der Reihenfolge unter den Hauptaufgaben die Reform der s. Z. geltenden Lehrpläne, und das waren jene, die im Lehrplanwerk von 1959 vereinigt worden waren.

Die Durchführung der damit schon Anfang der sechziger Jahre beabsichtigten Lehrplanreform war in zwei Abschnitten vorgesehen, deren Abfolge M. Honecker ebenfalls auf der genannten Schulräte-Konferenz im einzelnen erläuterte: »Wir werden zunächst unsere Lehrpläne präzisieren und danach arbeiten und in einer nachfolgenden Etappe die schrittweise Einführung des heute bereits auszuarbeitenden, neu konzipierten Lehrplanwerkes vollziehen.«[195] So hatte im April 1964 erstmals der zuständige Minister Entscheidungen zur beginnenden Arbeit am neuen Lehrplanwerk bekanntgegeben, einer Arbeit, mit der das DPZI nach den noch im Dezember 1964 vom Ministerium erlassenen »Prinzipien für die Arbeiten zur Neubestimmung des Inhalts der Allgemeinbildung« beauftragt wurde.[196] Diese Prinzipien haben die Richtung, die die Arbeit des DPZI sowohl bei der Präzisierung der alten als auch der Gestaltung der neuen Pläne zu verfolgen hatte, grundsätzlich vorgegeben.

Auf dem Wege zum neuen Lehrplanwerk wurde zunächst eine Zwischenstufe in Gestalt präzisierter Lehrpläne, die schrittweise und nicht für alle Klassen zugleich eingeführt werden sollten, eingeschaltet, in denen offensichtlich der Kern des Lehrplanwerkes von 1959 wenig oder gar nicht angetastet wurde. Welche Auswirkungen jene Präzisierungen haben konnten und haben sollten, dürfte aus dem zu entnehmen sein, was unter Präzisierung verstanden wurde. Sie besagte nach den Darlegungen M. Honeckers auf der Schulräte-Konferenz 1964: »Zuerst einmal, daß unsere Lehrpläne von wissenschaftlich veralteten, falschen Bildungselementen gereinigt und neue Erkenntnisse der Wissenschaft und Praxis eingearbeitet werden. Zugleich geht es darum, sich stärker auf die wissenschaftlichen Grundlagen des Faches zu konzentrieren und unnötige Details zu streichen. In Verbindung damit sollen die Möglichkeiten der einzelnen Fächer für die weltanschauliche Bildung, die Herausbildung des sozialistischen Bewußtseins stärker herausgearbeitet werden. Durch die Präzisierung werden der prinzipielle Aufbau des Lehrplanes und die Stundentafel noch nicht geändert.«[197] Man braucht auf diese Worte keine längeren Erklärungen und Interpretationen zu verwenden, um herauszufinden, daß hier das Stoffproblem von zwei Aspekten her besonderes Kopfzerbrechen bereitet hatte: einmal von der Seite des mangelnden oder fehlenden Anschlusses der Unterrichtsinhalte an den Stand, ausdrücklich den neuesten Stand der Wissenschaft und *Praxis,* zum anderen der zur Genüge bekannten, von den kritischen Stimmen gegenüber den Lehrplangestaltern in der DDR seit 1951 immer wieder zur Sprache gebrachten Seite der Stoffülle her. So neu, wenn auch weiterhin aktuell, war dann die Forderung nicht, von den Inhalten der einzelnen Fächer aus eine Verbindung zur weltanschaulichen Bildung zu knüpfen. M. Honecker hat ein Jahr später dieselben Gedanken auf einer Konferenz von Lehrern und Wissenschaftlern vorgetragen, die sich mit den Aufgaben der Pädagogik bei der Umsetzung des Bildungsgesetzes beschäftigten. Zwei Ergänzungen für die Arbeit an der Präzisierung der Lehrpläne fallen auf, weil sie ebenso die Reformen in den rückliegenden Entwicklungsperioden leiten *sollten:* 1. »exaktere Bestimmung des Ausgangsniveaus und der zu erreichenden Ziele und Ergebnisse im Wissen und Können der Schüler«; 2. »Hinweise zu einer solchen Unterrichtsgestaltung, die die Entwicklung der Tätigkeit der Schüler und den Prozeß der Aneignung von Wissen und Können, insbesondere die geistige Entwicklung, fördert.«[198] Ist nicht – das könnte gefragt werden – vor allem der letzte Auftrag über eine bloße Präzisierung der Lehrpläne hinausgegangen und hätte es nicht schon ihre Neugestaltung bedeutet? Daß die Frage nicht von der Hand zu weisen ist und tatsächlich Unsicherheiten hat aufkommen lassen, brachte auch M. Honecker auf einer zwei Jahre später tagenden Schulräte-Konferenz im Mai 1966 zur Sprache, nachdem präzisierte Lehrpläne für die Unterstufe eingeführt worden waren: »Das Niveau, das in diesen Plänen angestrebt und ausgewiesen wird, ist in der Regel bereits höher als das in den jetzt gültigen Plänen. Ganz deutlich ist das in der Unterstufe. Die *präzisierten Lehrpläne der Unterstufe sind nicht nur schlechthin eine Konkretisierung des alten Lehrplanes, sondern de facto neue Lehrpläne.*«[199]

Aus dieser Feststellung ist zu folgern, daß sich auch das neue Lehrplanwerk, das zwar gleichzeitig mit den präzisierten Lehrplänen erarbeitet, aber an einer eigenen Konzeption orientiert werden sollte, nicht gänzlich vom Lehrplanwerk von 1959 trennen konnte und getrennt hat. Recht eindeutig hatte auch dazu M. Honecker in ihrem Referat 1966 vor den Schulräten erklärt: »Wir gehen deshalb bei der Erarbeitung des Planes für die Unterstufe, der ab 1968 eingeführt werden soll, davon aus, daß die präzisierten Lehrpläne Grundlage für die Überarbeitung sein müssen . . . Es geht also nicht darum, in den neuen Lehrplänen der Unterstufe die Leistungsanforderungen generell noch zu erhöhen. Die neuen Pläne sollen sichern, daß die hohen Leistungsanforderungen gründlich, tief und umfassend ... gewährleistet werden.«[200] Was hier M. Honecker für die Pläne der Unterstufe gesagt hatte, gilt in gleicher Weise auch für die Pläne der anderen Stufen. So schreibt dann G. Neuner später: »Bei den Arbeiten zur Neubestimmung des Inhalts der Allgemeinbildung ist ferner zu beachten, daß das bisher gültige Lehrplanwerk, z. B. in der DDR das von 1959, vieljährige Schulerfahrungen, gewissermaßen ein Konzentrat aus den besten Erfahrungen Tausender Lehrer und Erzieher, repräsentiert. Die Erfahrungen mit den Lehrplänen von 1959 wurden seinerzeit in einem Stützpunktsystem der Lehrplanerprobung erfaßt und ausgewertet. Daraus konnten Schlußfolgerungen für die Arbeit an den neuen Lehrplänen gezogen werden.«[201] Und zur gleichen Frage betonte M. Honecker auf dem VII. Pädagogischen Kongreß 1970 diesmal: »Bei der Ausarbeitung der neuen Lehrpläne blieben traditionelle, bewährte Gebiete des Schullehrstoffes erhalten; neue Stoffe wurden aufgenommen, ... das Eindringen in wesentliche Zusammenhänge wurde hervorgehoben; einzelne Stoffe erhielten eine veränderte Stellung, Wertigkeit und eine moderne wissenschaftliche Interpretation.«[202] Keineswegs wurde damit etwa – wie es nach diesen Worten den Anschein haben könnte –, die Frage nach dem Inhalt des neuen Lehrplanwerkes auf Fragen nach dem bloßen Stoff reduziert, allerdings ist nicht zu leugnen, daß diese keine untergeordnete Rolle gespielt haben.

Ausgang für die Lehrplangestaltung ist die Lehre vom *marxistisch-leninistischen Menschenbild* und der diesem Menschenbild entsprechenden *Persönlichkeitstheorie,* deren jeweiliger Stand den Maßstab für die Auswahl von Lehrplaninhalten abgibt. Nun bot sich allgemein im Zeitpunkt der an den alten Plänen vorzunehmenden präzisierenden Korrekturen und der Suche nach einer Konzeption für das neue Lehrplanwerk kein Anlaß, die Probleme einer den jüngsten Erkenntnissen der Forschung angemessenen Persönlichkeitstheorie zu untersuchen, wie das seit dem VIII. Parteitag der Fall ist. Dennoch geht man heute davon aus, daß in das Lehrplanwerk, obwohl seinen Gestaltern nicht die neuesten Ergebnisse der Persönlichkeitsforschung zur Verfügung standen, so viel an sog. wissenschaftlichem Vorlauf eingearbeitet worden sei, daß es für eine Interpretation auf diese Ergebnisse hin offen bzw. mit diesen vereinbar bleibt. Seinerzeit konnte man zwischen dem *sozialistischen Menschenbild* einerseits und dem *sozialistischen Erziehungsziel* andererseits *unterscheiden.*[203] Da das sozialistische Menschenbild keinesfalls nur eine allgemeine Idee, ein Idealbild oder eine Gesamtheit von individuellen Eigenschaften und Verhaltensweisen sei und als »wissenschaftliches, philosophisches Leitbild der sozialistischen Erziehung« über bestimmte Einzelaspekte, die sich an ihm zeigen würden, hinausginge, umfasse es: die gesellschaftliche Bedingtheit des sozialistischen Menschen; seine wesentlichen persönlichen Merkmale, Eigenschaften und Verhaltensweisen, die ihn als sozialistische Persönlichkeit charakterisieren; die Gesetzmäßigkeiten seiner Formung als Persönlichkeit im Prozeß der gesellschaftlichen, zielgerichteten Einflußnahme, der praktischen, materiellen und geistigen Tätigkeiten sowie der Selbsterziehung. Dabei sei das sozialistische Menschenbild ein umfassenderer Sachverhalt als das Erziehungsziel, das die Funktion habe, Antwort auf die Frage nach dem angestrebten *Resultat* erzieherischer Einflußnahme zu geben. »Deshalb umfaßt es vor allem die im Sozialismus notwendigen und möglichen hauptsächlichen Züge des Antlitzes und der Aktivität der sozialistischen Persönlichkeit wie allseitige und harmonische Entwicklung, sozialistische Bewußtheit und aktives gesellschaftliches Verhalten.«[204] Kurz gesagt wird in diesem Gedankengang der *Unterschied* zum sozialistischen Menschenbild darin erblickt, daß es »darüber hinaus eine Reihe sozialistischer, grundsätzlicher theoretischer Aspekte, vor allem der gesellschaftlichen Grundlagen, der Ableitung und der Verwirklichung des Erziehungszieles (enthält)«.[205] Beide sind aufeinander dialektisch bezogen und wohl in dem Sinne zu umschreiben: Einerseits gibt das sozialistische Menschenbild die theoretische Grundlage für das Erziehungsziel ab, andererseits fungiert wiederum das Erziehungsziel als inhaltliche Bestimmtheit des Menschenbildes.

Auf dem Hintergrund dieser dialektischen Verbindung von Menschenbild und Erziehungsziel sah man sich in erster Linie vor die Aufgabe gestellt, das *allgemeine Erziehungsziel* näher zu bestimmen, und zwar dergestalt, daß es für die Arbeit in der *Schule* »handhabbar«, für die Gestaltung pädagogischer Prozesse brauchbar wurde. Am effektivsten konnte man, diese Überlegung lag sehr nahe und zunächst ließ man sich auch davon leiten, die Prozesse dann gestalten, wenn sie sich an einer »Zielhierarchie« orientieren, von ihr – so könnte man sagen – auf die rechte Bahn gebracht wurden. So sah man es als vordringlichstes Anliegen an, eine solche zu entwickeln. Ein erster Schritt in diese Richtung war die *Beschreibung oberster Stufen von Erziehungszielen,* um dann von hier aus im Wege der *Ableitung* zu Teilzielen vorstoßen zu können. Dabei tauchten allerdings eine Reihe unerwarteter Schwierigkeiten auf, die dem ganzen Unternehmen vorerst viel zu viel Zeit zu kosten drohte. So sah man sich u. a. mit einem Widerspruch konfrontiert, einerseits Persönlichkeitszüge *allgemein* verbindlich und damit für einen längeren Zeitraum gültig formulieren zu müssen – das zwang, irgendwie zu Abstraktionen –, andererseits aber die Forderung nach *konkret-historischer Bestimmtheit* – nur auf diese Weise wurde das allgemeine Ziel *handhabbar* – erfüllen zu wollen. Nimmt man noch hinzu, daß mit der Konkretisierung des allgemeinen Erziehungszieles ein Bildungsvorlauf, d. h. prognostisch ausgemachte Potenzen, verbunden sein mußte[206], war die Gefahr sehr groß, am späteren realen Ablauf der Erziehungsprozesse vorbei zu reformieren. Davon hat auch Neuner berichtet: »Deshalb können in Erörterungen über die künftige Entwicklung der Bildung sehr schnell illusionäre Erwartungen hineinspielen, vor allen Dingen in der Richtung, daß durch die Bildung gesellschaftliche Entwicklungsprozesse in besonderer Weise forciert und reale politisch-soziale und volkswirtschaftliche Gegebenheiten ignoriert oder übersprungen werden könnten.«[207] Im Prozeß der Lehrplanarbeit hatte man keineswegs die Suche nach Zielhierarchien so schnell aufgegeben, sich u. a. intensiv bemüht, Teilzielen für Klassenstufen, z. B. die Klassen 7 und 8 sowie 9 und 10 zu entwickeln, und zwar ausgehend von einem System *weltanschaulicher Überzeugungen,* die dann als Auswahlkritierien für die einzelnen Fachinhalte dienen sollten. Diese Mühen endeten ergebnislos: »Diese umfassenden Zielhierarchien, die zeitweilig relativ isoliert von der konkreten Bestimmung des Inhalts der sozialistischen Allgemeinbildung in den einzelnen Fachbereichen ausgearbeitet wurden, haben jedoch im Prozeß der Lehrplanarbeit die in sie gesetzten Erwartungen nicht erfüllt. Als richtig und nützlich hat es sich erwiesen, das komplexe Ziel der Bildung und Erziehung übersichtlicher aufzugliedern . . . Jede weitere Konkretisierung des Ziels mußte jedoch *sogleich im Zusammenhang mit der Auswahl und Strukturierung des anzueignenden Unterrichtsstoffes in den einzelnen Fachlehrplänen und Fachbereichen vorgenommen werden.*«[208] Was es damit auf sich hatte, was das praktisch hieß, darauf werden wir noch zurückkommen.

Es sollte an dieser Stelle nicht ungesagt bleiben, welche Forderungen an das derzeitige gültige Lehrplanwerk durch Interpretation oder an die Schaffung eines künftigen (woran jedoch im Augenblick nicht gedacht wird) erhoben werden. Sie sind hergeleitet aus der Weltanschauung und Moral der Arbeiterklasse, die es allen Gesellschaftsmitgliedern zu vermitteln gilt. Es ist interessant, nachdem wir diesbezüglich Verlautbarungen aus parteiamtlichen Kreisen kennengelernt haben, zu lesen, wie dieser Umsetzungsprozeß für Pädagogen gesehen wird, so z. B. von G. Neuner: »So müssen Charakterzüge und Eigenschaften der fortgeschrittenen Arbeiter allen Kindern und Jugendlichen anerzogen werden. Das bedeutet auch, daß bestimmte Elemente der kommunistischen Moral, die sich im Denken und Verhalten der fortgeschrittenen Vertreter der Arbeiterklasse gegenwärtig bereits ausprägen, zum Maßstab der Bildung und Erziehung aller Kinder und Jugendlichen werden müssen.«[209] Mehr als eine Forderung ist damit allerdings nicht ausgesprochen. Solange nämlich weder das Kriterium genannt wird, aufgrund dessen überhaupt Charakterzüge und Eigenschaften fortgeschrittenster Arbeiter erkannt werden können, noch der Maßstab in Sicht ist, nach dem sich die entsprechenden Lehrplaninhalte auswählen lassen, dürften solche Forderungen für die Lehrplanarbeit bzw. die Arbeit mit dem Lehrplan unbedeutend sein.

Eine andere Lösung, zu Lehrplaninhalten über Persönlichkeitsqualitäten zu gelangen, die mit dem allgemeinen Erziehungsziel der allseitig gebildeten sozialistischen Persönlichkeit übereinstimmen, wenn auch nicht linear im Sinne des Systems von Zielhierarchien abgeleitet, lag in dem Versuch, *Schülerqualitäten* aufzuspüren und diese zur Orientierungsgrundlage zu machen. Vorausgesetzt allerdings wurde dann, daß Schülerqualitäten die mit *Schülertätigkeiten* im Unterricht wie außerhalb des Unterrichts gleichgesetzt wurden, die allgemeinen Zielqualitäten sozialistischer Persönlichkeiten im Erwachsenenalter gewissermaßen vergegenständlichen bzw. konkretisieren und differenzieren – auch anders gesagt – sie implizieren. Man sollte sich an die Ergebnisse zur Konkretisierung des allgemeinen Ziels, die vonseiten der Parteihochschule veröffentlicht und aufgrund der Aufträge, die der VIII. Parteitag erteilt hatte, erarbeitet worden sind, erinnern, bevor man die Aufzählung der folgenden Schülerqualitäten liest: »die Erziehung der Schüler zu einer aktiven und bewußten Lerneinstellung, die Erziehung zur Liebe zur Arbeit und zur Achtung des sozialistischen Eigentums, zur schöpferischen kollektiven Arbeit, zur Diszipliniertheit, zur Beharrlichkeit und Begeisterung sowie Standhaftigkeit im Kampf um das Neue, zum Fleiß, zur Gewissenhaftigkeit, Ordnungsliebe, Umsicht und Zuverlässigkeit, Kameradschaftlichkeit und Opferbereitschaft. Das bezieht sich auch auf die Herausbildung der sozialistischen Lebensweise, auf die Entwicklung eines aktiven Verhältnisses zu Kunst und Kultur, zu Körperkultur und Sport, die Erziehung zu einem guten Geschmack und zu einem kulturvollen Verhalten und schließlich auf die Befähigung, sich in zunehmendem Maße selbst aktiv und sinnvoll künstlerisch und sportlich zu betätigen, ein optimistisches, kulturvolles und gesundes Leben zu führen.« Ausdrücklich wird dann zur Beziehung dieser Schülerqualitäten zum Lehrplanwerk erklärt: »Ansatzpunkte für eine solche Weiterentwicklung und Präzisierung der ideologisch-erzieherischen Zielorientierung sind im Lehrplanwerk, insbesondere in den konkreten fachlichen Stoffen, zur Genüge enthalten, und deshalb sind die Lehrpläne auch in dieser Hinsicht ›nach vorn‹ interpretierbar.«[210] Zweifelsohne steht die Lehrplangestaltung bei der Frage nach Zielorientierungen vor größten Schwierigkeiten, unabhängig von Ort und Zeit. Dennoch bleibt nicht zu übersehen, daß mit dem Rückzug auf Schülerqualitäten der Weg zur Lösung der Schwierigkeiten nicht kürzer wird.

Ein Ausweichen auf Schülerqualitäten tritt noch ganz besonders kraß in der Konzentration auf das *Lernen* in Erscheinung, begünstigt von mannigfachen Äußerungen, es könne durch die Vermittlung von Wissen und Können entwickelt werden. Die Interpretation des Lehrplanwerks »*Allgemeinbildung, Lehrplanwerk, Unterricht*« schreibt dazu: »Die gesellschaftliche Hauptaufgabe des Schülers ist das Lernen. In der Qualität und in den Ergebnissen seines Lernens, durch Ehrlichkeit und Beharrlichkeit, durch ständiges Ringen um eigene hohe Leistungen und auch hohe Leistungen der Mitschüler beweist er sich als Mitglied unserer sozialistischen Gesellschaft.«[211] Unbestritten wird hier dem Lernen unter den Tätigkeiten des Schülers der ihm gebührende Platz eingeräumt, das aber im Gefüge der Ziele »hierarchisch« recht tief einzuordnen und von *oberen* Zielen noch weit entfernt ist. Die Beschränkung auf ein *formales Lernen,* das hier so gewichtet wird, dürfte bei der Heranbildung der Persönlichkeit nur wenig ausrichten; denn nicht ein irgendwie beschaffenes Lernen interessiert, sondern welche Funktion das Lernen von Mathematik, Fremdsprachen, der deutschen Sprache u. ä. bei der Entwicklung von Persönlichkeitsqualitäten zu erfüllen hat.

Ohne Zweifel: All die Schwierigkeiten während der Fixierung der Lehrplaninhalte wurden auch bewußt. Obwohl sie kurzfristig nicht zu beheben waren, selbst bis zum gegenwärtigen Zeitpunkt nicht behoben werden konnten, hatten die Lehrplangestalter zu entscheiden, nach welchen Gesichtspunkten die Auswahl der Inhalte zu treffen war. Zunächst hatte man daran festgehalten, einzelne Vorhaben auf sog. übergreifende Zielkategorien auszurichten, und zwar in der Weise, daß sie für die ideologische, die geistige und die polytechnische Bildung und Erziehung gemäß der eigens vom Ministerium erlassenen *Instruktion für die Lehrplanarbeit*[212] ausgewiesen wurden, wobei allerdings die ideologische Erziehung unter ihnen die führende Rolle zu übernehmen hatte und auch übernommen hat. Auf diesem Wege sollte das sog. Ganze der sozialistischen Persönlichkeit sichtbar gemacht werden, jedoch zeigte sich bald, daß es nur durch eine Beschränkung auf wesentliche Komponenten der Persönlichkeitsstruktur zu erfassen war. Hieraus folgte dann für die Lehrplanarbeit, daß man sich daran orientierte und darauf konzentrierte, »grundlegende dialektische Beziehungen zwischen dem Wissen, dem Können und dem sozialistischen Bewußtsein und Verhalten der Persönlichkeit herauszuarbeiten und für die Zielplanung in den Lehrplänen handhabbar zu machen«. Innerhalb dieser Komponenten der Persönlichkeitsstruktur übte das *Wissen* die Schlüsselfunktion aus, bilden sich doch aus dem Wissen erst Können und bewußtes Verhalten heraus. Ein weiterer Schritt bei der Lehrplangestaltung bestand darin, das komplexe Ziel der allseitig gebildeten Persönlichkeit aufzugliedern, z. B., was die ideologischen Überzeugungen betrifft, in eine ganze Reihe von Grundüberzeugungen wie u. a. »die Überzeugung von der Gewißheit, daß die Zukunft der ganzen Menschheit der Sozialismus ist, . . .; – die Überzeugung von der Verantwortung der Jugend bei der Gestaltung der entwickelten sozialistischen Gesellschaft, . . .« Weitere Konkretisierungen des allgemeinen Zieles aber wurden »sogleich im Zusammenhang mit der Auswahl und Strukturierung des anzueignenden Unterrichtsstoffes in den einzelnen Fachlehrplänen und Fachbereichen vorgenommen«.

Dieser Bericht von den Entscheidungen, die über die Zuordnung von Ziel und Inhalt getroffen wurden, sagt noch nichts darüber aus, aufgrund welcher *wissenschaftlicher* Verfahren entschieden worden ist. Folgender Verfahren hatte man sich hierbei bedient: a) des sog. Beurteilungsverfahrens, »bei dem einzelne hervorragende Persönlichkeiten mehr oder weniger intuitiv nach Durchforschung der wissenschaftlichen Erkenntnisse eine Lehrstoffauswahl für ihr Fach im Hinblick auf die

Ziele vorschlagen«; b) des sog. Übereinstimmungsverfahrens, das man in erster Linie angewandt hatte, »bei dem verschiedene Experten, Vertreter unterschiedlicher Forschungseinrichtungen und der Praxis nach ihrer Meinung befragt und die Antworten tabelliert werden«; c) des sog. analytischen Verfahrens, »bei dem durch die Analyse der häufigsten Tätigkeiten der Menschen in der Gesellschaft festgestellt werden soll, welche Lehrstoffelemente in ihnen enthalten sind und demzufolge gelehrt werden« und d) des sog. experimentellen Verfahrens, »bei dem in der Praxis experimentell überprüft wird, ob ein bestimmtes Teilziel wirklich durch einen bestimmten Lehrstoff erreicht wird«. Daß das gültige Lehrplanwerk von 1959 die Ausgangsbasis für diese Arbeit war, wurde schon gesagt. Bei diesen angewandten Verfahren sind viele Gemeinsamkeiten mit denen festzustellen, die in den Curricula-Werkstätten hierzulande überall gebraucht werden, mit denen man allerdings noch keine besseren Ergebnisse erzielen konnte, als sie das Lehrplanwerk 1965/1972 erzielt hat.

3.4. Zur Gestaltung des Unterrichts

Unsere Ausführungen zur Gestaltung des neuen Lehrplanwerks haben sich auf die Frage konzentriert, ob bei der Auswahl seiner Inhalte das allgemeine Bildungs- und Erziehungsziel der allseitigen Entwicklung der sozialistischen Persönlichkeit als das leitende Kriterium schlechthin fungieren konnte. Trotz aller Mühen und Anstrengungen, die aufgewandt worden sind, um die vielen Hindernisse aus dem Wege zu räumen, die der Lehrplanarbeit, bei der man zunächst nach jenem Auswahlkriterium verfahren war, im Wege standen, ist diese Frage letztlich zu verneinen. Dasselbe Urteil äußern derzeit Mitarbeiter an der Lehrplanreform aus dem Kreise der Akademie der Pädagogischen Wissenschaften, und zwar verbunden mit der Absicht, die Lücken, die bislang in den Lehrplänen notgedrungenermaßen offen gelassen wurden, zügig zu schließen. Bei der inhaltlichen Ausgestaltung der Oberschule wird festgestellt, man habe sich *vordergründig* mit Lehrplänen dieser oder jener strukturellen inhaltlichen und organisatorischen Maßnahme, ohne den Bezugspunkt und damit den Kern der Schul- und Bildungsreform zu treffen, beschäftigt. Deshalb mahnt heute G. Neuner die Forschungskollektive zum Umdenken und Weiterdenken mit der Begründung, »daß zentraler Bezugspunkt für alle Aktivitäten und Maßnahmen der inhaltlichen Ausgestaltung unserer Oberschule die allseitige Entwicklung sozialistischer Persönlichkeiten ist«.[213] Das ist ein Aufruf und Auftrag zur ständigen Weiterarbeit am Lehrplanwerk, zunächst auf dem Wege von Interpretationen, auf den es bewußt mit den Mitteln der Vorlauf-Forschung gesetzt worden ist, dann aber eines Tages auch auf dem Wege von Korrekturen und Änderungen zu neuen Ergebnissen zu gelangen.

Eine solche Bilanz schlägt natürlich bei der Umsetzung des Lehrplanwerks in das Schulgeschehen zu Buche und wirft für den Lehrer die entscheidende Frage auf, welche Bedeutung das allgemeine Ziel der allseitigen Persönlichkeitsentwicklung bei seiner Unterrichtsvorbereitung und -gestaltung hat. Ist es für ihn ein Ziel, mit dem er sich dabei nur am Rande auseinanderzusetzen braucht, weil es kurzfristig, unmittelbar in jeder einzelnen Unterrrichtsstunde aber gerade mit ihren Vorbereitungs- und Gestaltungsarbeiten dem Lehrer gleichsam auf den Nägeln brennt? Hat er sich – so gesehen – aus diesen Gründen nicht im Vorfeld der Persönlichkeitsbildung zu bewegen, weil er sich in erster Linie mit der Entwicklung der Schülerqualität des *Lernens* befassen muß, deren Entwicklung zwar wichtig, deren Stellenwert in der Rangfolge der Persönlichkeitsqualitäten uns aber auch bekannt geworden ist? Antworten auf diese Fragen lassen erwarten, daß wir ein wenig Aufschluß über Art und Weise der Verwirklichung des Lehrplanwerks in der Alltagsarbeit des Lehrers erhalten.

Es klingt zunächst recht zuversichtlich, wenn man weiß, daß das neue Lehrplanwerk ein beachtliches Potential an Bildungsvorlauf aufgenommen hat, deshalb durchaus nicht nach kurzer Zeit wieder revisionsbedürftig werden wird und damit langfristig Stetigkeit und Homogenität in die Schularbeit bringen kann. Gegebenenfalls spornt es vor allem die Lehrer und Lehrerkollegien an zu experimentieren und interpretieren, je nachdem, wie es die lokalen Verhältnisse verlangen. Sicherlich muß auf diese Weise die Verbindlichkeit des Lehrplans noch keineswegs angetastet werden, doch es dürfte nicht zu leugnen sein, daß damit leicht die Gefahr einer gewissen Aufweichung der Verbindlichkeit entsteht, indem nämlich der Spielraum für Interpretation und Experiment zunehmend erweitert wird. Initiativen in dieser Richtung scheinen, mehr als der Sache gut getan hatte, im Zuge der Katalogisierung und Hierarchisierung von Grundüberzeugungen im Staatsbürgerlichen Unterricht entwickelt worden zu sein, und zwar mit einer für dieses Fach eigens veröffentlichten »*Aufgabenstellung*« des Ministeriums. Dagegen schritt M. Honecker in ihrem Referat, gehalten auf der Schrittmacherkonferenz der Pädagogen kurz vor dem VII. Pädagogischen Kongreß, energisch ein und erklärte: »Es kann (also) nicht darum gehen, besondere Aufgaben und Maßnahmen zur Erfüllung der ›Aufgabenstellung‹ im Unterricht auszuarbeiten. Aber das wird häufig von den Lehrern verlangt. Da werden zum Beispiel in der ›Aufgabenstellung‹ ausgewiesene einzelne Grundüberzeugungen der sozialistischen Persönlichkeit für bestimmte Fächer und Klassenstufen aufgeschlüsselt oder fach- und stufenspezifische Leitlinien für ihre Realisierung im Unterricht entwickelt.«[214] Auch gegen den Versuch, über die von der Forschung veröffentlichten sog. Leitlinien der Fächer hinausgehende, zusätzliche Leitlinien auszumachen, wandte sich die Referentin und führte aus: »Vielerorts wurde nun aber von den *Lehrern* gefordert, *Leitlinien* für ihr Unterrichtsfach auszuarbeiten. Viel nützlicher ist es, wenn die Leiter den Lehrern helfen, gründlicher ihren *Unterricht* zu durchdenken. Letzten Endes geht es doch darum, wie jeder Lehrer durch einen soliden Fachunterricht, durch den Einsatz der spezifischen Möglichkeiten seines Faches dazu beiträgt, die einheitlichen Ziele des Lehrplanes zu erreichen. Es nützt also nichts, wenn eine Kreisabteilung, ein Direktor und Gruppen von Lehrern für ganze Schulen ganze Systeme der Fähigkeitsentwicklung, erzieherische Leitlinien usw. ausarbeiten müssen. Das führt zu unnötigen zeitlichen Belastungen für die Lehrer, die diese Zeit viel mehr für eine gute Unterrichtsvorbereitung benötigen.«[215] Einem Fachunterricht, der sich um Leitlinien des Faches unnützerweise sorgt, wird hier ein solider Unterricht gegenübergestellt, der sich durch nichts anderes auszeichnet, als dadurch, daß er sich zunächst einmal nach dem richtet, was vorgegeben und zentral unter wissenschaftlicher Leitung erarbeitet worden ist. So bleibt für Interpretationen des Lehrplanwerks auf keinen Fall der einzelne Lehrer oder ein Kollegium aus eigenen Stücken zuständig.

Neue Schwierigkeiten erwuchsen daraus für den Bereich der Leitungs-, Führungs- und Kontrolltätigkeit der Schuldirektoren, die berechtigt und verpflichtet waren und sind, jeden Lehrer in dessen Fachunterricht aufzusuchen, auch wenn sie selbst das Fach nicht studiert hatten bzw. haben. Wie diesbezüglich zu verfahren ist, insbesondere zu verfahren ist im Mathematikunterricht, war jüngst Gegenstand einer Direktorenkonferenz, auf der empfohlen wurde: »Jeder Direktor muß also bei Hospitationen im Fach Mathematik in der Lage sein, dem Unterrichtsgeschehen vollinhaltlich zu folgen. Dazu gehört sein konkreter Überblick über den Aufbau des Fachlehrgangs, Kenntnis der Vorworte des Lehrplans und der Materialien des Ministeriums für Volksbildung. Er hilft den Lehrern, die in den Präambeln des Lehrplans Mathematik ausgewiesenen Forderungen zur Entwicklung weltanschaulicher Grundüberzeugungen bei den einzelnen Stoffgebieten umzusetzen. Äußerungen von Mathematiklehrern verdeutlichen, daß sie durch den Direktor eine Wertung der von ihnen im Unterrichtsprozeß erbrachten Leistungen erwarten.«[216]

Sowohl im Interesse der Tätigkeit des Lehrers als auch der Aufgaben des Direktors bei der Leitung, Führung und Kontrolle des Unterrichts war es nur konsequent, wenn in das Lehrplanwerk auch ein didaktisch-methodisches Potential, das gleichzeitig die Erreichung der Lehrplanziele bis zum gewissen Grad garantieren konnte, mitaufgenommen wurde. Da es in den Lehrplänen selbst keinen Platz erhielt, dorthin seiner Funktion nach auch nicht gehörte, ergab sich die Notwendigkeit, die von zuständiger Stelle verfaßten Interpretationen geschlossen zu veröffentlichen. Das ist mit zwei Arbeiten des DPZI bzw. der bereits erwähnten Akademie der Pädagogischen Wissenschaften geschehen. Beide zeigen die didaktisch-methodische Konzeption, die dem Lehrplanwerk zugrunde gelegt worden ist, auf, und zwar soweit auf, daß die Gesamtkonzeption einsichtig wird, lassen aber den Lehrer mit der Frage, »wie ist der Schritt vom Lehrplan zum konkreten, lebendigen Unterricht zu vollziehen«[217], letztlich allein. Vorgetragen werden ihm statt dessen Forderungen, die zum großen Teil für jedes Lehrgeschehen Gültigkeit haben und durchaus nicht typisch für eine eigene didaktische Konzeption sind. So heißt es z. B. *zur Führung des Unterrichts durch den Lehrer:* »Er hat die Aufgabe, den Unterricht zu *planen*. Da im Lehrplan der Unterrichtsprozeß weitgehend vorgeplant ist, erhält der Lehrer bereits eine sehr genaue Orientierung. Er kann sich darauf konzentrieren, die tatsächliche Prozeßgestaltung unter seinen konkreten Bedingungen detailliert vorauszudenken . . . So gliedert er den Unterrichtsstoff weiter auf und trifft relativ genaue Festlegungen hinsichtlich des didaktisch-methodischen Weges, auf dem die Schüler die Unterrichtsziele erreichen sollen . . . Bei der Planung des Unterrichts nutzt der Lehrer die Unterrichtshilfen und andere Materialien.«[218]

Ein neuer Unsicherheitsfaktor hält sich hinter der Forderung, der Lehrer habe *relativ* genaue Festlegungen hinsichtlich des didaktisch-methodischen Weges zu treffen, verborgen. Sicherlich soll damit dem Prinzip der Individualisierung des Unterrichts Rechnung getragen werden, indem entsprechend den Lernvoraussetzungen bzw. Lernschwierigkeiten auf den einzelnen Schüler, unter Umständen sogar jeden einzelnen Schüler, eingegangen werden muß, eine Arbeit, die nur der Fachlehrer in Verbindung mit dem Klassenlehrer leisten kann. Diesem Anspruch einzelner Schüler auf Lernhilfen steht jedoch der Anspruch der anderen Schüler auf optimale Förderung ihrer Begabungen und Talente sowie der Anspruch des Staates auf Erfüllung seiner Gesetze und Bestimmungen gegenüber mit der Verpflichtung für den Lehrer, daran seine Arbeit zu orientieren.

Diesen Gegensatz der Interessen hatte man auch bald erkannt und sich bemüht, ihn durch eine weitgehende Objektivierung und damit Optimierung des didaktisch-methodischen Weges mit der Veröffentlichung sog. *Unterrichtshilfen* für den Lehrer möglichst gering zu halten. Sie wurden für alle Unterrichtsfächer und Bildungsbereiche geschaffen, sind zwar nicht als verbindliche staatliche Dokumente, aber als *maßgebliche* Empfehlungen zu betrachten, die das Risiko der didaktisch-methodischen Fehleinschätzungen des Lehrers entscheidend mindern wollen. Bei ihrem Zustandekommen griff man recht bald – was durchaus nahe lag – auf die Ergebnisse des programmierten Lernens, eingeschlossen der fruchtbaren kybernetischen Ansätze, zurück.

Obwohl für eine Programmierung keineswegs alle Bereiche des Unterrichts geeignet waren und sind, zeigte sich aber, daß die Anzahl derer, die sich mittels solcher Ansätze objektivieren ließen, weitaus größer als vermutet war. Bezogen gerade auf die Erarbeitung und dringende Erstellung von Unterrichtshilfen, gelangte s. Zt. Klein zu dem Ergebnis, daß eine Grundfrage der Unterrichtstheorie, das sei die Frage nach der Struktur des Unterrichtsprozesses, bis heute große Lücken habe. Das wiederum bringe mit sich, daß der Stellenwert der sog. didaktischen Funktionen – wie *Einführung* und *Zielangabe* oder *Information, Übung, Fertigung, Anwendung, Wiederholung* und *Kontrolle* – neu zu bestimmen seien. Im engen Zusammenhang damit stehe dann wieder die Aufgabe, bestimmte *Strukturtypen von Unterrichtsstunden* zu entwickeln bzw. die alte Typologie zu überprüfen.[219] Nach sich zieht diese Forderung eine weitere nach einer umfassenden Grundlagenforschung für die Revision bzw. neue Konzeption einer Unterrichtstheorie. Der Eifer, mit dem man mit Hilfe von Programmierung und Kybernetik rascher voran zu kommen hoffte, mußte allerdings gleich wieder gebremst werden. Was auf der einen Seite nämlich der Objektivierung und Optimierung des Unterrichtsprozesses zugute kam, beeinträchtigte und gefährdete in nicht unerheblichem Maße die ideologische Bildung und Erziehung, eine Erfahrung, die man wohl besonders im Geschichtsunterricht gesammelt hatte.

M. Honecker stellte deshalb klar: »Die Pädagogik, ihr wissenschaftliches System, hat die Basis im Marxismus-Leninismus und nicht... in der Kybernetik.«[220] Demzufolge rückte die Frage nach der Programmierung von Lehr- und Lernprozessen wieder in den Hintergrund und im Vordergrund steht erneut das Anliegen, die gesetzmäßigen Bedingungen für die Unterrichtsgestaltung durch den *einzelnen* Lehrer, unterstützt allerdings von den Unterrichtshilfen. Um einen Einblick in das Verhältnis von Lehrplan (für den Lehrer streng verbindlich) und Unterrichtshilfen (Empfehlungen für den Lehrer) zu gewinnen, die sich beide dem gleichen Anliegen verpflichtet sehen, lassen wir die jeweiligen Ausführungen des polytechnischen Unterrichts für das Fach *Einführung in die sozialistische Produktion* Klasse 9, Industrievariante, folgen. Sie gelten dem Bereich 2: *Grundlagen der Produktion des sozialistischen Betriebes,* die in 5 Stoffeinheiten darzubieten ist. Hier geht es um die 5. Stoffeinheit, die in den zwei Unterlagen wortgleich abgedruckt ist: »Aufgaben der Werktätigen bei der Verwirklichung des Neuen Ökonomischen Systems der Planung und Leitung im Betrieb.« Für diese Einheit sind 6 Unterrichtsstunden angesetzt, deren Thematik der Lehrplan zwar erfaßt, sie aber im Unterschied zu den Unterrichtshilfen nicht auf die Unterrichtsstunden verteilt. Wir wenden uns der Stundeneinheit zu: *Prämien und Auszeichnungen als Anerkennung für besondere Leistungen.*

Lehrplan[221]

»Prämien für besondere Arbeitsleistungen; finanzielle Beteiligung am Wert realisierter Neuerervorschläge bzw. an Erfindungen; differenzierte Jahresendprämien in Abhängigkeit vom erzielten Gewinn des Betriebes und der Leistungen der einzelnen Kollektive.

...

Hinweise (Auszug)

Die Schüler sollen erkennen, daß diese Übereinstimmung in dem Maße als Triebkraft der Entwicklung im Betrieb und in der gesamten Gesellschaft wirkt, wie das dem einzelnen Werktätigen und den Kollektiven bei ihrer täglichen Arbeit bewußt wird. Den Schülern soll an Beispielen gezeigt werden, daß neben den materiellen Anreizen für hohe Leistungen, wie die leistungs- und qualitätsbedingten Lohnformen, Prämien u. a. auch die ideellen Antriebe von außerordentlicher Bedeutung sind. Hierbei kann davon ausgegangen werden, daß die Schüler bereits Aktivisten, Neuerer und Mitglieder von Kollektiven der sozialistischen Arbeit als Schrittmacher des wissenschaftlich-technischen Fortschritts und der sozialistischen Rationalisierung im Betrieb kennengelernt haben und wissen, wie diese Werktätigen im Betrieb geachtet und anerkannt werden.«

. . .

Unterrichtshilfen (Auszug)[222]

»5.3. Prämien und Auszeichnungen als Anerkennungen für besondere Leistungen

5.3.1. Prämien als materieller Anreiz für hohe Produktionsleistungen

5.3.2. Staatliche Auszeichnungen als ideelle Anreize

(5.3.1.) In dieser Unterrichtsstunde sollen die Schüler erkennen, daß im sozialistischen Betrieb besondere Leistungen, die nicht mit dem Arbeitslohn abgegolten sind, durch Prämien und staatliche Auszeichnungen anerkannt werden.

Es ist zweckmäßig, nur auf eine im Betrieb angewandte Form der Prämiierung näher einzugehen, die besonders anschaulich und eindrucksvoll das Prinzip der Verteilung nach der Arbeitsleistung und nach besonderen Leistungen erkennen läßt. Es wird empfohlen, dafür entweder die Prämien für Neuerervorschläge, Neuerermethoden und Erfindungen oder die Jahresendprämie zu wählen.

Wird die Prämiierung für Neuerer gewählt, sollen sich die Schüler zuerst mit dem Lehrbuchabschnitt »Prämien für Neuerervorschläge«, Seite 120, vertraut machen.

An einem Auszug aus einem Neuererpaß oder anderen Beispielen des Büros für Neuererwesen (BFN) soll den Schülern anschaulich gezeigt werden, in welch hohem Maße der sozialistische Betrieb Neuerervorschläge und Erfindungen vergütet und belohnt.

...

(5.3.2.) Staatliche Auszeichnungen als Anerkennungen für hohe Produktionsleistungen sollen nicht nur beschrieben werden, sondern es soll den Schülern deren Bedeutung als Ansporn für die Werktätigen bewußtgemacht werden.

So sollten zum Beispiel die Schüler oder eine von ihnen zu delegierende Gruppe an einer Betriebsfeier anläßlich des 1. Mai teilnehmen und die Auszeichnung der Besten des Betriebes miterleben (Kollektive der sozialistischen Arbeit, Aktivist, Medaille für ausgezeichnete Leistungen).

In der zeitlich etwas später liegenden Unterrichtsstunde sollte ein Schüler der Klasse oder der Gruppe eingangs die erlebten Eindrücke wiedergeben und schildern, wofür und womit die Werktätigen ausgezeichnet wurden. Im weiteren Verlauf des Unterrichts könnte dann näher auf eine der ausgezeichneten Persönlichkeiten oder ein Kollektiv eingegangen und eine bestimmte Auszeichnung eingehender betrachtet werden.«

Die Überlegungen und Untersuchungen zur didaktisch-methodischen Gestaltung des Unterrichtsprozesses, die in der zweiten Entwicklungsperiode der DDR noch recht unauffällig geblieben waren, stehen gegenwärtig mit im Zentrum der Forschung. Das aber bedeutet nicht etwa, daß den Maßnahmen der Sicherung der Unterrichtsergebnisse, die seinerzeit die Schulverwaltung sehr detailliert ergriffen hatte, heute keine Beachtung mehr geschenkt würde. Im Gegenteil, sie haben seit der Verordnung der Regierung zur Verbesserung der Arbeit in den allgemeinbildenden Schulen von 1954 in Verbindung mit der Dienstordnung kaum etwas an ihrer Aktualität eingebüßt und sich in zwei Schulordnungen, die eine vom November 1959[223], die andere vom Oktober 1967[224] fortgesetzt. Wir haben die erste bewußt unberücksichtigt gelassen, obwohl sie gleichzeitig mit einem Schulgesetz und einem Lehrplanwerk in Kraft getreten war, und zwar ganz einfach deshalb, weil sie zur Frage der

Sicherung der jeweiligen Unterrichtsergebnisse nichts entscheidend Neues gebracht hatte. Davon unterscheidet sich auch im Kern die Verordnung über die *Sicherung einer festen Ordnung an den allgemeinbildenden Schulen – Schulordnung* – von 1967 – dieselbe Bezeichnung wie die Schulordnung von 1959 – nicht, wobei sie allerdings in den Einzelheiten neue Sachverhalte, die erst die fortschreitende Entwicklung ins Blickfeld gerückt hatte, selbstverständlich außer acht ließ. Weitaus strenger systematisiert als 1959 beginnt die Schulordnung mit der zu leistenden Planungsarbeit, wozu folgende Pläne zu erstellen sind: der Arbeitsplan der Schule, die Klassenleiterpläne, der Stundenplan und der Zeitplan für die außerunterrichtliche Bildungs- und Erziehungsarbeit (§ 5). In der Abfolge von Verantwortung und Stellung heißt es u. a. zunächst für den *Direktor* in § 13: »Der Direktor ist verpflichtet, die Unterrichtsvorbereitung und den Unterricht sowie die Arbeit im Schulhort und Schulinternat zu kontrollieren. Er hat regelmäßig zu hospitieren, die Hospitationen mit den Lehrern zu besprechen und die Ergebnisse auszuwerten.« Bewährt hat sich für die Funktion des *Klassenleiters,* daß er eine Klasse in der Regel möglichst mehrere Jahre führen soll. Im Interesse einer verantwortlichen Führung heißt es für ihn u. a.: »Der Klassenleiter hat das Recht, im Unterricht seiner Klasse zu hospitieren, zur Sicherung einer objektiven und umfassenden Beurteilung und Charakterisierung der Schülerpersönlichkeit von den Fachlehrern Einschätzungen über den Leistungsstand und das Verhalten der Schüler zu verlangen« (§ 26, Abs. 3). Was den Pflichtenkreis des *Lehrers* betrifft, so gilt nach wie vor, was derzeitig in § 28 Schulordnung geregelt ist:

»(1) Alle Lehrer sind verpflichtet, sich gewissenhaft und schöpferisch auf ihren Unterricht vorzubereiten und ihn mit hoher Qualität durchzuführen.

(2) Eine wichtige Voraussetzung, die Kontinuität des Unterrichtsprozesses zu sichern, jede Unterrichtsstunde rationell zu gestalten und höchste Bildungs- und Erziehungsergebnisse zu erzielen, ist die sorgfältige Planung des Unterrichts. Sie umfaßt die langfristige Planung von Stoffeinheiten und die gründliche

Vorbereitung jeder Unterrichtsstunde. Die langfristige Planung umfaßt jeweils eine Stoffeinheit oder auch mehrere inhaltlich zusammenhängende Stoffeinheiten eines Unterrichtsfaches.

...

(5) Umfang und Gliederung der schriftlichen Vorbereitungen sind vom Charakter des Faches, vom Lehrplan, von den zur Verfügung stehenden Materialien, von der Qualifikation und von den Erfahrungen des Lehrers abhängig. Sie können für einzelne Lehrer in Abhängigkeit von den Ergebnissen ihrer Bildungs- und Erziehungsarbeit durch den Direktor näher bestimmt werden.«

Die Vorschriften für die *Schüler* – wenn auch nicht über die Absicht der Schulordnung von 1959 hinausgehend – sind der gegenwärtigen Bewußtseinslage angemessener gefaßt. So formuliert § 32:

»(1) In der sozialistischen Schule der Deutschen Demokratischen Republik haben alle Schüler das Recht, umfassendes Wissen und Können zu erwerben, ihre Begabungen und Talente voll zu entfalten und sich aktiv an der Gestaltung des schulischen Lebens und am Kampf zur Vollendung des sozialistischen Aufbaus zu beteiligen.

(2) Zur Wahrnehmung seines Rechts auf Bildung hat jeder Schüler die Pflicht, fleißig und gewissenhaft zu lernen, sich gegenüber den Lehrern, Erziehern und anderen erwachsenen Personen sowie im Schülerkollektiv höflich und anständig zu benehmen, gegenseitige Rücksichtnahme und Hilfsbereitschaft zu üben. Alle Schüler sollen sich aktiv am schulischen Leben beteiligen. Sie haben die Bestimmungen über den Gesundheits- und Arbeitsschutz sowie die hygienischen Bestimmungen einzuhalten.

(3) Die Schüler haben den Unterricht und andere schulische Veranstaltungen regelmäßig und pünktlich zu besuchen. Sie haben die Forderungen des Direktors, der Lehrer, Erzieher und Betreuer zu erfüllen. Die Schüler sind verpflichtet, die Hausordnung einzuhalten, das gesellschaftliche Eigentum zu achten und sorgsam zu behandeln und sich im Schulgebäude sowie außerhalb der Schule diszipliniert zu verhalten.«

Der Inhalt dieser Bestimmungen impliziert ganz offensichtlich, daß alle anderen an der Erziehung beteiligten gesellschaftlichen Kräfte wie schon seinerzeit dabei mitzuhelfen haben, daß der Unterrichts- und Erziehungsprozeß innerhalb und außerhalb der Schule optimal ablaufen kann. Was in den rückliegenden Jahren diesbezüglich angeordnet worden war – für Eltern, politische Organisationen, Betriebe, um die wichtigsten zu nennen – ist in die Konzeption der derzeitig geltenden Vorschriften der Schulordnung analog eingegangen.

4. Schluß

Fragen wir abschließend nach dem Ergebnis der Darlegungen, läßt sich zusammenfassend folgendes sagen:

1. Schule als Institution hat eine äußere, strukturelle, und eine innere, die Inhalte betreffende Seite. Schul- bzw. Bildungsreformen müssen sich auf beide Seiten beziehen, worüber sich die Schulreformer der letzten 150 Jahre in ganz Deutschland durchaus *bewußt* gewesen sind; dennoch haben die *konkreten* Reformbestrebungen sich vorrangig auf die *strukturelle* Seite des Schulwesens erstreckt, eingeschlossen die jüngsten Bemühungen um die Einführung von Gesamtschulen in den Ländern der Bundesrepublik. Ganz offensichtlich waren und sind die Schwierigkeiten und Hindernisse, Inhalte zu reformieren und zu verändern, wesentlich größer als allgemein angenommen wurde und weiterhin angenommen wird. Reformen aber, die Inhalte den ihnen *entsprechenden* strukturellen Veränderungen zu spät oder überhaupt nicht folgen lassen, müssen als mißlungen angesehen werden.

2. Aus der Erkenntnis, daß Schul- und Bildungsreformen nur unter Wahrung des Wechselverhältnisses von Inhalt und Struktur Erfolg haben können, ist das Schul- und Bildungswesen auf dem territorialen Gebiet der heutigen DDR aufgebaut und weiter entwickelt worden. Galt zwar auch hier, daß zuerst die Struktur, die Organisation des Schulwesens zu gestalten sei und danach inhaltliche Reformen zu folgen hätten, so war man trotzdem stets darauf bedacht, den zeitlichen Abstand beider Schritte voneinander möglichst gering zu halten.

3. Dennoch gelang es – wie wir gesehen haben – nicht, Struktur und Inhalt aufeinander abzustimmen, Inhalte der Struktur entsprechend zu konzipieren und umzusetzen.

1945 mußten zunächst einmal die äußeren Voraussetzungen für eine demokratische Bildung und Erziehung der Jugend geschaffen werden. Daher war es unbestritten richtig, in erster Linie für eine Lehrerschaft zu sorgen, die aus jenem Bildungs- und Erziehungsverständnis das Schulleben zu gestalten in der

Lage war, zugleich aber auch alles zu tun, daß die Schüler an der Gestaltung des Schullebens mitwirken konnten. Die Ansprüche, die man diesbezüglich anfangs an sich selbst gestellt hatte, wurden jedoch – das zeigte sich am Ende der ersten Entwicklungsperiode – nicht erfüllt. Diese Tatsache mußte auf die Gestaltung von Unterricht und Erziehung, wie sie das neue Lehrplanwerk vorgesehen hatte, zurückwirken, ganz abgesehen davon, daß dieses Lehrplanwerk inhaltlich nicht eigens auf den organisatorischen Aufbau des Schulwesens – insbesondere des allgemeinbildenden Schulwesens, das hier im Vordergrund stand – abgestimmt worden war.

Während der Zeit von 1949 bis 1962 hat man sich – wenn auch in den ersten Jahren weniger, in den letzten dagegen wesentlich intensiver – weiter um inhaltliche wie auch strukturelle Reformen bemüht. Erneut mußte aber festgestellt werden, daß man den selbst gestellten Ansprüchen nicht gerecht werden konnte. Die zweite Entwicklungsperiode begann mit einer Lehrplanreform (1951), die, obwohl noch *vor* dem Beschluß zum Aufbau des Sozialismus in der DDR durchgeführt, die Grundlage für ein sozialistisches Schulwesen abgeben konnte. Was die strukturellen Reformen betrifft, so war aus dem Bemühen um die Zehnklassen- und die Mittelschule mit ihrem Aufgehen in der zehnklassigen allgemeinbildenden polytechnischen Oberschule zu entnehmen, daß sie nicht maßgeblich von dem Bedingungsverhältnis von Struktur und Inhalt geleitet worden, vielmehr beide recht unverbunden nebeneinander verlaufen sind. Bestätigt wird dieses Ergebnis von der erst nach dem V. Parteitag 1958 einsetzenden inhaltlichen Reform zur polytechnischen Bildung in den allgemeinbildenden Schulen sowie den Maßnahmen zur Sicherung der Unterrichtsergebnisse, die doch weit außerhalb jenes Bedingungsverhältnisses anzusiedeln sind.

Die Reformbemühungen der gegenwärtigen Entwicklungsperiode der DDR lassen in aller Deutlichkeit erkennen, daß erst jetzt das Bedingungsverhältnis von Struktur und Inhalt im strengen Sinne thematisiert worden ist und noch thematisiert wird. Wäre das Problem in den beiden vorausgegangenen Entwicklungsperioden einer Lösung näher gebracht worden, wären also Struktur und Inhalt tatsächlich in gegenseitiger Abhängigkeit voneinander auf das formulierte Ziel hin bezogen worden, dann dürfte heute die Auswahl der Lehrplaninhalte, die sich an der Persönlichkeitsbildung orientieren sollen, nicht mehr vor ungelösten Schwierigkeiten stehen. Gerade ihr universaler Charakter bildet, so schreibt Helmut Klein, »eines der größten, heute noch weithin ungelösten Probleme . . . Es ist eine Auswahl vorzunehmen, aber nach welchen Gesichtspunkten?«[225] Wenn hierauf selbst die DDR, die sich so intensiv darum bemüht hat, derzeitig keine Antwort geben kann, dann steht die grundsätzliche Frage an, ob nicht die Ziele für Reformen des Bildungswesens hier wie auch anderswo primär aus politischen Forderungen heraus formuliert werden, ohne dabei die Möglichkeiten ihrer Umsetzung in den Bildungs- und Erziehungsprozeß zu bedenken und in ihn einzubeziehen.

5. Anmerkungen

Abkürzungen:

DNS = Die neue Schule (Z.)
MP = Monumenta Paedagogica
ND = Neues Deutschland

1. Dt. Bildungsrat, Empfehlungen d. Bildungskomm., Strukturplan f. d. Bildungswesen. Bonn (Bundesdruckerei) 1970, S. 17

2. Vgl. A. Meier, Soziologie des Bildungswesens. Berlin 1974, S. 12

3. Zur Arbeit mit dem Bildungs- und Erziehungsplan im Kindergarten, ausgearb. von einem Autorenkollektiv u. d. Lt. von R. Pfütze. Berlin 1973, Kap. 1 u. 2

4. Vgl. L. Klingberg, Zu einigen Fragen des Unterrichts in der Abiturstufe. In: Zu Erfahrungen und Problemen d. Unterr. i. d. Abiturstufe. Berlin 1975, S. 34

5. Vgl. H. Voitzsch/ G. Semmler, Leitung militärischer Erziehung und Bildung. Berlin 1974, S. 20 f.

6. K. H. Günther/G. Uhlig, 25 Jahre Schulpolitik der SED und ihre Lehren. In: Päd. 26 (1971), S. 334 f.

7. Grundsätze für die Gestaltung des einheitlichen sozialistischen Bildungssystems (Entwurf). In: MP VII/2, S. 541

8. Aufgaben und Probleme d. dt. Pädagogik. Aus d. Verhandl. d. V. Päd. Kongr. Leipzig 1956. Berlin 1956, S. 113

9. Neugestaltung der Schule. Grotewohl auf der zentralen Arbeitstagung der SED. In: ND Nr. 38 v. 7. 6. 1946, S. 2

10. G. Uhlig, Der Beginn der antifaschistisch-demokratischen Schulreform 1945–1946. Berlin 1965, S. 21 (MP II)

11. a.a.O., S. 123 in Verbind. m. S. 138

12. Siehe Anm. 10, S. 120 f.

13. a.a.O., S. 117

14. DDR, Werden und Wachsen. Zur Geschichte der DDR. Berlin 1974, S. 70

15. a.a.O., S. 24

16. a.a.O., S. 107 f.

17. Zur Entwicklung des Volksbildungswesens auf dem Gebiet der DDR 1946–1949. Berlin 1968, S. 10 (MP III)

18. a.a.O., S. 10

19. Siehe Anm. 10, S. 57

20. Dokumente zur Geschichte des Schulwesens in der DDR. T. 1: 1945–1955, S. 37 (MP IV)

21. Vorläufige Richtlinien für die Wiedereröffnung des Schulwesens. Hrsg. v. Schulamt der Stadt Berlin. In: MP VI, S. 176

22. Vgl. W. Wolf, Erfahrungen und Ergebnisse der Neulehrerausbildung in Thüringen. In: Universität Jena und neue Lehrerbildung. Jena 1967, S. 33 f. (Friedrich-Schiller-Univ.)

22a. Näheres hierzu S. 26 f.

23. Befehl Nr. 40 der SMAD über die Vorbereitung der Schulen zum Schulbetrieb. In: MP VI, S. 182

24. Ausführungsbestimmungen der Dt. Zentralverw. für Volksbildung zum Befehl des Obersten Chefs der sowj. Militärverw. über die Wiedereröffnung der Schulen. In: MP VI, S. 186

25. Siehe Anm. 22, S. 38; vgl. hierzu: H.-J. Gamm, Führung und Verführung. München 1964, S. 204

26. Befehl Nr. 162 der SMAD, betr. Vorbereitung der Lehrer für die Volksschule. In: MP VI, S. 194

27. Siehe Anm. 21, S. 176 f.

28. Siehe Anm. 10, S. 115

29. A. Ackermann, Der Volksentscheid und die nominellen Pgs. In: ND Nr. 60 v. 4. 7. 1946, S. 2

30. Vgl. Zentralverordnungsblatt. Hrsg. namens aller Zentralverwaltungen von der Dt. Justizverw. der SBZ in Dtschld. 1947, Nr. 18, Beilage 1: Direktive Nr. 24 des Kontrollrats, S. 194

31. a.a.O., S. 185

32. Gesetzblatt der DDR, 1949. Nr. 14, S. 91

33. Siehe Anm. 30, S. 203

34. Siehe Anm. 17, S. 114

35. Siehe Anm. 10, S. 167 f.

36. a.a.O., S. 171

37. K. Agerth, Die Schulwandzeitung. In: DNS 1 (1946), H. 2, S. 28

38. E. Wenker, Von gegängelten Klassen zur Schülerselbstverwaltung. In: DNS 3 (1948), S. 530

39. Vgl. G. Hahn, Das Schülerparlament. In: DNS 1 (1946), H. 2, S. 27 f.

40. Vorbereitung zur Durchführung von § 6, f des Schulgesetzes: Schülervertretungen. In: MP VI, S. 236

41. § 14 Schulordnung 1947. In: MP VI, S. 240

42. Grundsätze der Erziehung in der dt. demokratischen Schule. Gebilligt vom II. Päd. Kongreß 1947. In: MP VI, S. 256

43. W. Hirschelmann, Von der praktischen Arbeit des Schülerausschusses. In: DNS 2 (1947), S. 434 f.

44. H. Ambrasat, Warum Schülerausschüsse? In: DNS 1 (1946), H. 1, S. 29

45. W. Schmidt, Die Schülerselbstverwaltung der Freien Schulgemeinde Wickersdorf. In: DNS 3 (1948), S. 283

46. Siehe Anm. 17, S. 161 f.

47. Richtlinien für die organisatorische Festigung der Schulgruppen der FDJ. In: MP VI, S. 306

48. Siehe Anm. 17, S. 162

49. a.a.O.

50. a.a.O.

51. Vgl. W. Leonhard, Die Revolution entläßt ihre Kinder. 12. A. Frankfurt/Berlin/Wien 1971, Kap. VII u. VIII (Ullstein TB, Nr. 337)

52. Befehl Nr. 17 des Obersten Chefs der Sowj. Militärverw. . . . In: MP VI, S. 179 f.

53. Siehe Anm. 24, S. 183

54. a.a.O., S. 184

55. Ges. zur Demokratisierung der dt. Schulen. In: MP VI, S. 208

56. Befehl Nr. 225 der SMA . . . über die Lt. der Arbeit in Kinderheimen. In: MP VI, S. 222 f.

57. Richtlinien für Kindergärten. In: MP VI, S. 220

58. Richtlinien zur Durchführung der Schulreform auf dem Lande. In: MP VI, S. 214

59. a.a.O., S. 215

60. Siehe Anm. 24, S. 184

61. Siehe Anm. 10, S. 90

62. Zur Demokratisierung der Schule. Rede Paul Wandels auf dem I. Päd. Kongreß. In: MP VI, S. 226

63. Siehe Anm. 55, S. 209

64. Lehrpläne für d. Grund- und Oberschulen in der SBZ. Vorwort. In: MP VI, S. 216

65. Siehe Anm. 55, S. 208

66. Siehe Anm. 64, S. 218

67. a.a.O., S. 217

68. a.a.O.

69. Lehrpläne für die Grund- und Oberschulen in der SBZ. Deutsch. Berlin/Leipzig 1946, S. 3 ff.

70. a.a.O., S. 6

71. Lehrpläne . . . Mathematik, Physik, Chemie: Berlin/Leipzig 1946, S. 13

72. Lehrpläne . . . Alte Sprachen . . . 1946, S. 3

73. Die Grundsätze der Erziehung im dt. Kindergarten. In: MP VI, S. 272

74. a.a.O., S. 273

75. P. Wandel, Die demokratische Einheitsschule – Rückblick und Ausblick. In: Päd. Kongreß. Leipzig, Sept. 1947. Berlin/Leipzig (1947), S. 28 ff.

76. Siehe Anm. 42, S. 253 f.

77. Entschließungen d. dritten Päd. Kongr. In: MP VI, S. 279

78. Einstweilige Grundsätze für die Durchführung der Prüfungen in den 8. Grundschulklassen. In: MP VI, S. 319

79. Maßnahmen zur Durchführung der kulturellen Aufgaben im Rahmen des Zweijahrplans. Entschließung der 1. Parteikonferenz der SED. In: MP VI, S. 309

80. a.a.O., S. 311

81. Die Verfassung der DDR (Auszüge). In: MP VI, S. 343 f.

82. Die das Schulwesen betreffenden Artikel der Reichsverfassung vom 11. 8. 1919. In: Ch. Führ, Zur Schulpolitik der Weimarer Zeit. Weinheim/Berlin/Basel, 1970, S. 158 ff.

83. Statut der Berufsschulen in der SBZ. In: MP VI, S. 203 (Ziff. 10)

84. Siehe Anm. 81, S. 344

85. Anordnung des Ministers für Volksbildung über die Durchführung der vollen Schulgeldfreiheit an Ober- und Mittelschulen. In: MP VII, S. 47

86. Verfassung der DDR. Dokumente, Kommentar. 2. A. Bd. 2. Hrsg. v. K. Sorgenicht u. a. Berlin 1969, S. 100

87. Gesetz über die sozialistische Entwicklung des Schulwesens in der DDR. In: MP VII/1, S. 315 ff.

88. a.a.O., § 1

89. a.a.O., § 8

90. Schulrecht und Schulverwaltung in der DDR. Allgemeinbildende Schulen. Berlin 1956, S. 55

91. Der Fünfjahrplan zur Entwicklung der Volkswirtschaft der DDR (1951–1955). Beschl. des III. Parteitages der SED. In: MP VI, S. 369

92. H. Löbner, Bedeutung und Aufbau der Zehnklassenschulen. In: Päd. 7 (1952), S. 504

93. a.a.O., S. 505

94. Die gegenwärtige Lage und der Kampf um das neue Dtschld. Bericht des ZK an den IV. Parteitag. In: MP VI, S. 500

95. Verordnung über die Reorganisation der allgemeinbildenden

Schulen. In: Zwei Jahrzehnte Bildungspolitik in der SBZ. Dokumente. Hrsg. . . . v. S. Baske u. M. Engelbert. 1. T. Berlin 1966, S. 231

96. Stundentafel für Oberschulen. In: MP VI, S. 401

97. Siehe Anm. 92, S. 504 f.

98. Verordnung der Regierung der DDR zur Verbesserung der Arbeit der allgemeinbildenden Schulen. In: MP VI, S. 484

99. Verfügung Nr. 119/55. In: Verfügungen und Mitteilungen . . . 1955, S. 175

100. Siehe Anm. 90, S. 178

101. Gegen Prinzipienlosigkeit in der gegenwärtigen Päd. Diskussion. In: MP VII/1, S. 71

102. Lehrplan für Grundschulen. Deutsch. 1. bis 8. Schulj. Berlin/Leipzig 1951, S. 123 und Lehrplan für Oberschulen. Deutsch. 9. bis 12. Schulj. Berlin/Leipzig 1951, S. 3

103. a.a.O. – Grundsch. –, S. 124

104. a.a.O. – Obersch. –, S. 4

105. Lehrplan für Zehnjahrschulen. Deutsch. Berlin/Leipzig 1951, S. 3

106. Lehrplan der zehnklassigen allgemeinbildenden polytechnischen Oberschule. Berlin 1959. Deutsche Sprache und Literatur. Klasse 5 bis 10, S. 1

107. Direktive für den Deutschunterricht. Oberschule. Berlin 1956, S. 5

108. Lehrplan für Mittelschulen. Deutsch. 10. Kl. Berlin 1956, S. 3 ff.

109. Lehrplan für die erweiterte Oberschule. Berlin 1961. Dt. Spr. und Lit., S. D/2; 110 a.a.O., S. D/5

111. Lehrplan für Zehnjahrsch. Chemie . . . 1951, S. 3

112. Lehrplan für Oberschulen. Chemie . . . 1951, S. 3

113. Lehrplan für Grundschulen. Chemie . . . 1951, S. 3

114. Siehe Anm. 112, a.a.O.

115. Direktive für den Latein- und Griechischunterricht . . . 1956, S. 3 f.

116. Siehe Anm. 109. Latein/Griechisch . . . 1961, S. L/2

117. M. Müller u. a., Zum neuen Lehrplan für die erweiterte Oberschule. In: Dt. Lehrerzeitung Nr. 31/1960, S. 7

118. H. Klein, Bildung in der DDR. Hamburg 1974, S. 55 (rororo Nr. 6861)

119. a.a.O., S. 49

120. Siehe Anm. 113, S. 4

121. Zur Erhöhung des wissenschaftlichen Niveaus des Unterr. und

zur Verbesserung der Parteiarbeit an den allgemeinbildenden Schulen. In: MP VI, S. 422

122. W. Lange u. a., Die Forderungen der modernen Industrie und Landwirtschaft an die Volksbildung in der DDR. In: MP VI, S. 454 ff.

123. Richtlinie zum Abschluß der Patenschaftsverträge der volkseigenen Betriebe und allgemeinbildenden Schulen. In: MP VI, S. 523

124. Die neue Lage und die Politik der SED. In: MP VI, S. 529

125. Anweisung zur Durchführung des Schuljahres 1957/58. In: MP VII/1, S. 67

126. Vorschläge der Parteikonferenz zur sozialistischen Erziehung der Schuljugend. In: MP VII/1, S. 104

127. Protokoll der Verhandlungen des V. Parteitages der SED. Bd. 1. Berlin 1959, S. 165 f.

128. Lehrplan. Einführung in die sozialistische Produktion in Industrie und Landwirtschaft. Mittel- und Oberschule. In: MP VII/1, S. 162 ff.

129. Die Schule in der DDR. Hrsg. i. A. des Ministeriums für Volksbildung. Berlin 1959, S. 42

130. Verordnung über die Unterrichtsstunde als Grundform der Schularbeit, die Vorbereitung, Organisation und Durchführung der Unterrichtsstunde . . . In: MP VI, S. 365

131. a.a.O., S. 365 f.

132. a.a.O., S. 366 f.

133. a.a.O., S. 367

134. Verordnung der Regierung der DDR zur Verbesserung der Arbeit der allgemeinbildenden Schulen. In: MP VI, S. 481

135. Dienstordnung für Leiter und Lehrer der allgemeinbildenden Schulen. In: Verfügungen und Mitteilungen . . . 1954, S. 81 f.

136. Richtlinien für die Arbeitsplanung in den allgemeinbildenden Schulen der DDR. In: Verfügungen und Mitteilungen . . . 1954, S. 199

137. a.a.O.

138. Siehe Anm. 135, S. 82

139. Verordnung der Regierung der DDR über die Bildung und Aufgaben der Elternbeiräte an allgemeinbildenden Schulen. In: MP VI, S. 394

140. Entfaltet den Feldzug der Jugend für Wissenschaft und Kultur! Entschließung der I. Funktionärskonf. der FDJ. In: MP VI, S. 372

141. Die nächsten Aufgaben der allgemeinbildenden Schule. . . . ZK der SED. In: MP VI, S. 386

142. Die Verfassung der FDJ. In: MP VI, S. 416

143. Entschließung . . . zur Arbeit der FDJ an allgemeinbildenden Schulen. In: MP VI, S. 438 f.

144. Siehe Anm. 14, S. 218
145. Siehe Anm. 118, S. 92
146. Verfassung der DDR v. 6. 4. 1968. In: MP VII/2, S. 850 ff.
147. Die Vorbereitung des VI. Parteitages der SED. Referat . . . auf der 17. Tg. des ZK der SED. In: MP VII/2, S. 432
148. Programm der SED. In: MP VII/2, S. 453
149. Konzeption für die Gestaltung des einheitlichen sozialistischen Bildungswesens. In: MP VII/2, S. 479
150. a.a.O., S. 494
151. a.a.O., S. 474
152. a.a.O., S. 478
153. a.a.O.
154. a.a.O.
155. Richtlinie für die Aufnahme der Schüler in die Mittel- und Oberschule. In: Siehe Anm. 95, S. 291
156. Richtlinie für die Vorbereitung auf den Besuch der EOS und für die Aufnahme in die EOS. In: MP VII/2, S. 684
157. Siehe Anm. 149, S. 483
158. a.a.O., S. 485
159. a.a.O., S. 487
160. Grundsätze für die Gestaltung des einheitlichen sozialistischen Bildungssystems (Entwurf). In: MP VII/2, S. 541
161.–163. a.a.O.
164. a.a.O., S. 543
165. K.-H. Günther/ G. Uhlig, Geschichte der Schule in der DDR 1945–1968, S. 36 ff.
166. Siehe Anm. 129, S. 61
167. a.a.O., S. 63
168. Siehe Anm. 149, S. 487
169. a.a.O.
170. Beschluß über die Grundsätze der . . . Entwicklung von Spezialschulen und -klassen. In: MP VII/2, S. 506
171. a.a.O., S. 505
172. a.a.O., S. 506
173. Gesetz über das einheitliche sozialistische Bildungssystem. In: MP VII/2, S. 581 f.
174. Siehe Anm. 55, S. 208
175. Gesetz über die sozialistische Entwicklung des Schulwesens in der DDR. In: MP VII/1, S. 318
176. Siehe Anm. 173, S. 572
177. G. Uhlig, Die historische Entwicklung des Erziehungszieles in der DDR. In: Päd. 24 (1969), S. 1036

178. Siehe Anm. 173

179. Siehe Anm. 127, S. 164

180. Protokoll der Verhandlungen des VII. Parteitages der SED. Bd. 1. Berlin 1967, S. 246 f.

181. Protokoll der Verhandlungen des VIII. Parteitages der SED. Bd. 1. Berlin 1971. S. 89

182. Die entwickelte sozialistische Gesellschaft. Wesen und Kriterien – Kritik revisionistischer Konzeptionen. Berlin 1973

183. Siehe Anm. 181, S. 57

184. K. Hager, Die entwickelte sozialistische Gesellschaft. Berlin 1972, S. 25

185. Siehe Anm. 181, S. 89 f.

186. a.a.O., S. 90

187. Die Aufgaben der Agitation und Propaganda bei der weiteren Verwirklichung der Beschlüsse des VIII. Parteitages der SED. Konferenz des ZK der SED am 16./17. Nov. 1972, S. 73

188. a.a.O., S. 43

189. Lebensweise und Moral im Sozialismus. Berlin 1972, S. 150

190. a.a.O., S. 194 f.

191. a.a.O., S. 195

192. a.a.O., S. 200

193. Kultur im gesellschaftlichen Leben. Berlin 1973, S. 162

194. M. Honecker, Für eine höhere Qualität der sozialistischen Bild. u. Erz. In: MP VII/2, S. 517

195. a.a.O.

196. G. Neuner, Zur Theorie der sozialistischen Allgemeinbildung. Berlin 1973, S. 171

197. Siehe Anm. 194, S. 517

198. M. Honecker, Die Aufgaben der päd. Wiss. bei der Verwirklichung des einheitlichen sozialistischen Bildungssystems ... In: MP VII/2, S. 613

199. M. Honecker, Nächste Schritte bei der Verwirklichung des Gesetzes ... MP VII/2, S. 668

200. a.a.O., S. 668 f.

201. Siehe Anm. 196, S. 177

202. M. Honecker, Wir lehren und lernen im Geiste Lenins. In: Päd. 25 (1970), S. 721

203. J. Schmollack, Sozialistisches Menschenbild und sozialistische Erziehung. In: Päd. 23 (1968), S. 825

204. a.a.O.

205. a.a.O.

206. Vgl. G. Neuner, Einheit von Gegenwart und Zukunft in der päd. Forschung. In: Päd. 25 (1970), S. 1109 ff.

207. Siehe Anm. 196, S. 59

208. a.a.O., S. 201 f.

209. a.a.O., S. 63 f.

210. a.a.O., S. 200

211. Allgemeinbildung, Lehrplanwerk, Unterricht. Berlin 1972, S. 131

212. Zum folgenden: siehe Anm. 196, S. 187 ff.

213. G. Neuner, Persönlichkeitstheorie und inhaltliche Ausgestaltung der Oberschule. In: Päd. 28 (1973), S. 314

214. M. Honecker, Mit guten Leistungen zum VII. Päd. Kongreß. In: Päd. 25 (1970), S. 105

215. a.a.O., S. 107

216. H. Schmolling, Führung des Mathematikunterrichts durch den Direktor. 3. Beih. der Z. Päd. 1973, S. 27

217. Siehe Anm. 211, S. 16

218. a.a.O., S. 116

219. H. Klein, Zur gegenwärtigen Situation in der didaktischen Theorie . . . In: Päd. 22 (1967), S. 418

220. M. Honecker, Mehr Konkretheit in der Leitungsarbeit. In: Päd. 24 (1969), S. 610

221. Lehrplan für den polytechnischen Unterricht. Klassen 7 bis 10. Berlin 1969, S. 85 f.

222. Unterrichtshilfen. Einführung in die sozialistische Produktion – Industrie, Kl. 9. Berlin 1974, S. 128

223. Verordnung über die Sicherung einer festen Ordnung an den allgemeinbildenden Schulen. In: MP VII/1, S. 301 ff.

224. Verordnung über die Sicherung einer festen Ordnung an den allgemeinbildenden Schulen. In: MP VII/2, S. 792

225. Siehe Anm. 118, S. 41

6. Literaturverzeichnis

Allgemeinbildung, Lehrplanwerk, Unterricht. Berlin 1972

Zur Arbeit mit dem Bildungs- und Erziehungsplan im Kindergarten. Berlin 1973

Baske, S./Engelbert, M., (Hrsg.), Zwei Jahrzehnte Bildungspolitik in der Sowjetzone Deutschlands. T. 1.2. Berlin/Heidelberg 1966

Beiträge zur Theorie der sozialistischen Erziehung. Hrsg. v. H. Stolz u. a. Berlin 1971

Bildungs- und Erziehungsplan für den Kindergarten. Berlin 1970

Weltanschaulich-philosophische Bildung und Erziehung im mathematischen und naturwissenschaftlichen Unterricht. 2. A. Berlin 1975

Drefenstedt, E., u. a., Auf dem Wege zur sozialistischen Landschule. Berlin 1959

Dietz, B., Zielorientierung im Unterricht. 2. A. Berlin 1969

Dorst, W., Erziehung, Bildung und Unterricht in der Deutschen Demokratischen Republik. 2. A. Berlin 1953

Du und dein Studium. Berlin 1970

Dübel, S., Dokumente zur Jugendpolitik der SED. München 1964

Einheitlicher Unterricht – individuelle Förderung aller Schüler. Berlin 1975

Einheitlichkeit und Differenzierung im Bildungswesen. Berlin 1971

Die entwickelte sozialistische Gesellschaft. Berlin 1973

Zu Erfahrungen und Problemen des Unterrichts in der Abiturstufe. Berlin 1975

Ergebnisse didaktischer Forschung aus der UdSSR und der DDR. Hrsg. v. I. T. Ogorodnikow u. a. Moskau/Berlin 1974

Franke, P., Schüler als Gestalter des Lebens in der Schule. Berlin 1967

Günther, K.-H./Uhlig, G., Geschichte der Schule in der Deutschen Demokratischen Republik 1945 bis 1968. Berlin 1969

Hager, K., Zur Theorie und Politik des Sozialismus. Berlin 1972

Hager, K., Die weitere Entwicklung der polytechnischen sozialistischen Schule in der DDR. Berlin 1959

Hearnden, A., Bildungspolitik in der BRD und DDR. Düsseldorf 1973

Heinemann, K.-H., Arbeit und Technik in der Erziehung. Köln 1973

Herrmann, A./Berger, H., Überzeugung und Gemeinschaft. Berlin 1970

Klein, H., Bildung in der DDR. Hamburg 1974 (rororo 580)

Klein, H., Polytechnische Bildung und Erziehung in der DDR. Hamburg 1962 (rororo 144)

Klingberg, L., Einführung in die Allgemeine Didaktik. Berlin 1972
II. Konferenz der Pädagogen sozialistischer Länder. Die Herausbildung allseitig entwickelter sozialistischer Persönlichkeiten – Aufgabe des Volksbildungswesens in den Ländern des Sozialismus. In: Pädagogik 29 (1974). H. 10/11
Kultur im gesellschaftlichen Leben. Berlin 1973
Kunz, L. u. a., Zur Beurteilung von Schülerkollektiven. Berlin 1974
Lange, W., Gestaltung und Führung des polytechnischen Unterrichts. Berlin 1972
Langewellpott, C., Erziehungswissenschaft und pädagogische Praxis in der DDR. Zwei wissenschaftstheoretische Modelle (1945–1952). Düsseldorf 1973
Lebensweise und Moral im Sozialismus. Berlin 1972
Lehrer und Eltern. Hrsg. v. R. Walther u. a. Berlin 1970
Lehrplanwerk und Unterrichtsgestaltung. 2. A. Berlin 1970
Die marxistisch-leninistische Pädagogik – eine streitbare Waffe im Kampf gegen den Antikommunismus. Berlin 1972
Meier, A., Soziologie des Bildungswesens. Berlin 1974
Melchert, H., Zur wissenschaftlichen Leitung der Bildungs- und Erziehungsarbeit. Berlin 1965
Mendyk, I./Holz, H.-J., Grundsätze und Erfahrungen zur Förderung der Arbeiter- und Bauernkinder. Berlin 1959
Mieskes, H., Die Pädagogik der DDR in Theorie, Forschung und Praxis. 1. u. 2. T. Oberursel 1971
Müller, J./Drefenstedt, E./Beyer, U., Die Landschule in der Bundesrepublik Deutschland und in der Deutschen Demokratischen Republik. Schwelm 1957
Monumenta Paedagogica

1. Uhlig, G., Der Beginn der antifaschistisch-demokratischen Schulreform 1945–1946. Bd. II. Berlin 1965
2. Zur Entwicklung des Volksbildungswesens auf dem Gebiet der Deutschen Demokratischen Republik 1946–1949. Bd. III. Berlin 1968
3. Dokumente zur Geschichte des Schulwesens in der Deutschen Demokratischen Republik. Teil 1: 1945–1955. Bd. VI. Berlin 1970
4. Dokumente zur Geschichte des Schulwesens in der Deutschen Demokratischen Republik. Teil 2: 1956–1967/68. Bd. VII/1. Berlin 1969
5. Dokumente zur Geschichte des Schulwesens in der Deutschen Demokratischen Republik. Teil 2: 1956–1967/68. Bd. VII/2. Berlin 1969

Naumann, W., Einführung in die Pädagogik. Berlin 1975
Neuner, G., Zur Theorie der sozialistischen Allgemeinbildung. Berlin 1973
Neuner, G., Sozialistische Persönlichkeit – ihr Werden, ihre Erziehung. Berlin 1975
Niermann, J., Wörterbuch der DDR-Pädagogik. Heidelberg 1974 (UTB 380)
Niermann, J., Lehrer in der DDR. Heidelberg 1973
Niermann, J., Sozialistische Pädagogik in der DDR. Heidelberg 1972
VII. Pädagogischer Kongreß der Deutschen Demokratischen Republik v. 5. bis 7. Mai 1970. Berlin 1970
Die Persönlichkeit im Sozialismus. Berlin 1972
Philosophen-Kongreß der DDR 1970. Tl. II, Gemeinschafts- und Persönlichkeitsentwicklung im Sozialismus. Berlin 1970
Die polytechnische Bildung in der Deutschen Demokratischen Republik und die Wege zu ihrer Verwirklichung. Protokoll der theoretisch-praktischen Konferenz des DPZI ... Berlin 1954
Poppe, E., Mensch und Bildung in der DDR. Berlin 1965
Riechert, J./Schwarz, K., Erfolgreich studieren – sich qualifizieren. 3. A. Leipzig 1972
Schneller, W., Die deutsche demokratische Schule. Berlin 1955
Die Schule in der Deutschen Demokratischen Republik. Berlin 1959
Das Schulkind von sechs bis zehn. Zur Erziehung in der Familie. Berlin 1970
Smitmans, H., Studieren – aber wie? 6. A. Berlin 1971
Vogt, H., DDR. Theorie und Praxis der Lehrplanrevision in der Deutschen Demokratischen Republik. München 1972
Vogt, H., Bildung und Erziehung in der DDR. Stuttgart 1969
Voitzsch, H./Semmler, G., Leitung militärischer Erziehung und Bildung. Berlin 1974
Das Vorschulkind. Zur Erziehung in der Familie. Berlin 1969.
Zum Arbeitsunterricht der Schüler. Hrsg. v. A. B. Dmitrijew. Berlin 1974

Zeittafel

1919	11. 8.	Weimarer Verfassung
1945	11. 6.	Vorläufige Richtlinien für die Wiedereröffnung des Schulwesens (Berlin)
	27. 7.	Befehl Nr. 17 SMAD
	2. 8.	Potsdamer Abkommen
	25. 8.	Befehl Nr. 40 SMAD
1946	Mai bis Juni	Gesetz zur Demokratisierung der deutschen Schule
	1. 7.	Veröffentlichung der Lehrpläne für Grund- und Oberschulen
	26. 7.	Befehl Nr. 225 SMAD zur Leitung der Arbeit in Kinderheimen
	August	I. Pädagogischer Kongreß
1947	26. 5.	II. Parlament der FDJ
	16. 8.	Befehl Nr. 201 SMAD
	September	II. Pädagogischer Kongreß
1948	Juli	III. Pädagogischer Kongreß
	19. 11.	Richtlinien für . . . Schulgruppen der FDJ
1949	August	IV. Pädagogischer Kongreß
	24. 8.	Schulpolitische Richtlinien der SED
	7. 10.	1. Verfassung der DDR
	11. 11.	Gesetz über den Erlaß von Sühnemaßnahmen
1950	Juli	III. Parteitag der SED
	15. 12.	Schulpflichtgesetz
1951	12. 4.	1. Elternbeiratsverordnung
1952		Errichtung der ersten Kinder- und Jugendsportschulen
	Juli	2. Parteikonferenz der SED
1953		Verordnung über die Reorganisation der allgemeinbildenden Schulen
1954	März	IV. Parteitag der SED
	4. 3.	Verordnung . . . zur Verbesserung der Arbeit der allgemeinbildenden Schulen
1955	14. 10.	2. Elternbeiratsverordnung
1955/56		Erlaß von *Direktiven* zu den Lehrplänen
1956	Mai	V. Pädagogischer Kongreß
1958	Juli	V. Parteitag
1959	17. 1.	Thesen des ZK der SED

	20. 6.	Veröffentlichung des Lehrplanwerks der zehnklassigen ... Oberschule
	12. 11.	Schulordnung
	2. 12.	Gesetz über die sozialistische Entwicklung des Schulwesens in der DDR
1960/61		Veröffentlichung des Lehrplans für die Erweiterte Oberschule
1961	Juni	VI. Pädagogischer Kongreß
1963	Januar	VI. Parteitag
1964	1. 9.	Einrichtung von Spezialschulen und -klassen
1965	25. 2.	Gesetz über das einheitliche sozialistische Bildungssystem
1967	April	VII. Parteitag der SED
	20. 10.	Schulordnung
1968	6. 4.	2. Verfassung der DDR
1970	Mai	VII. Pädagogischer Kongreß
1971	Juni	VIII. Parteitag der SED

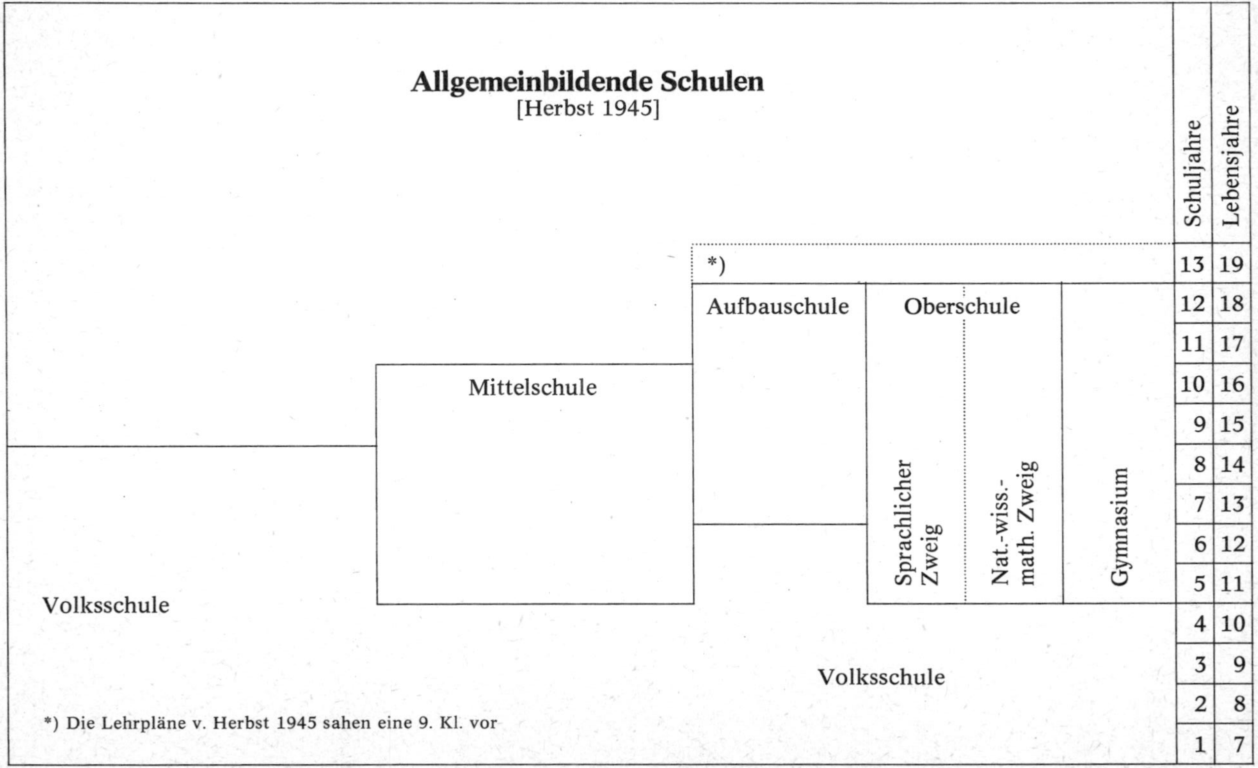
Allgemeinbildende Schulen
[Herbst 1945]
Schuljahre
Lebensjahre
13 19
12 18
11 17
10 16
9 15
8 14
7 13
6 12
5 11
4 10
3 9
2 8
1 7
*)
Aufbauschule
Oberschule
Sprachlicher Zweig
Nat.-wiss.- math. Zweig
Gymnasium
Mittelschule
Volksschule
Volksschule
*) Die Lehrpläne v. Herbst 1945 sahen eine 9. Kl. vor

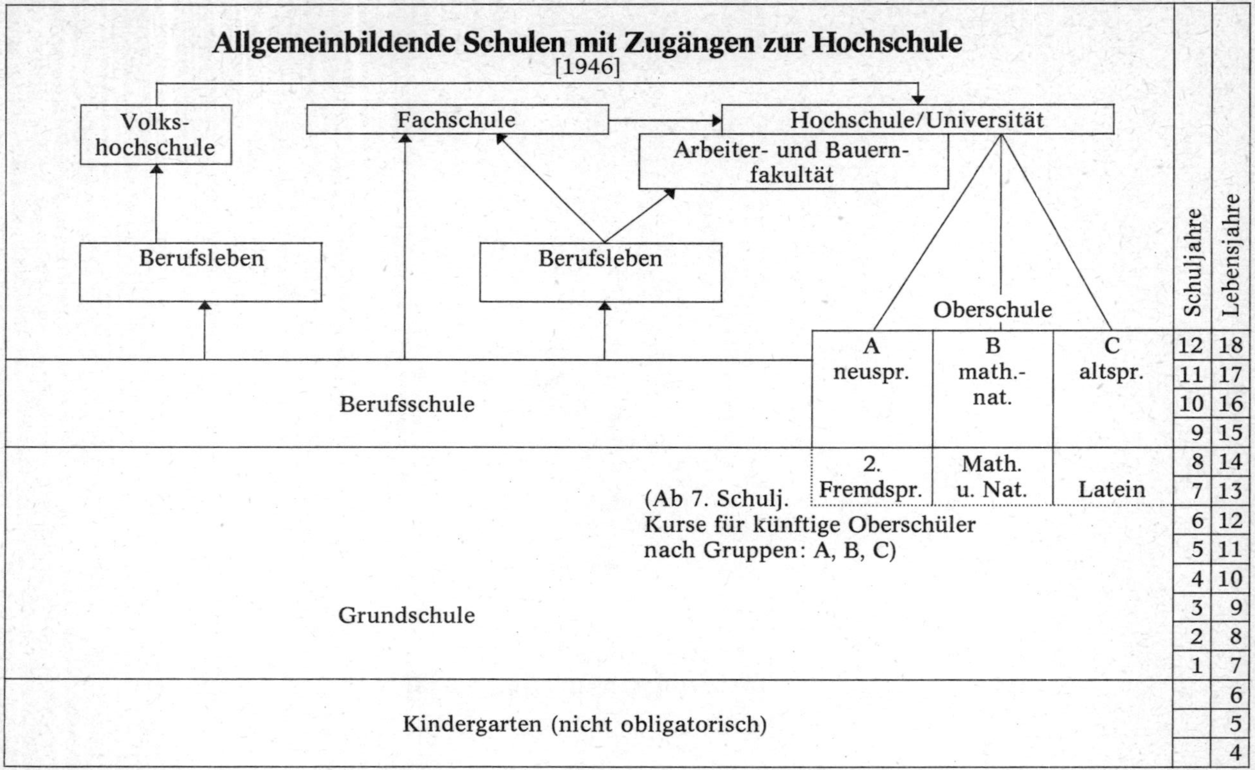
Allgemeinbildende Schulen mit Zugängen zur Hochschule
[1946]
Volks-
hochschule
Fachschule
Hochschule/Universität
Arbeiter- und Bauern-
fakultät
Berufsleben
Berufsleben
Oberschule
A
neuspr.
B
math.-
nat.
C
altspr.
Berufsschule
2.
Fremdspr.
Math.
u. Nat.
Latein
(Ab 7. Schulj.
Kurse für künftige Oberschüler
nach Gruppen: A, B, C)
Grundschule
Kindergarten (nicht obligatorisch)
Schuljahre
Lebensjahre
12 18
11 17
10 16
9 15
8 14
7 13
6 12
5 11
4 10
3 9
2 8
1 7
6
5
4

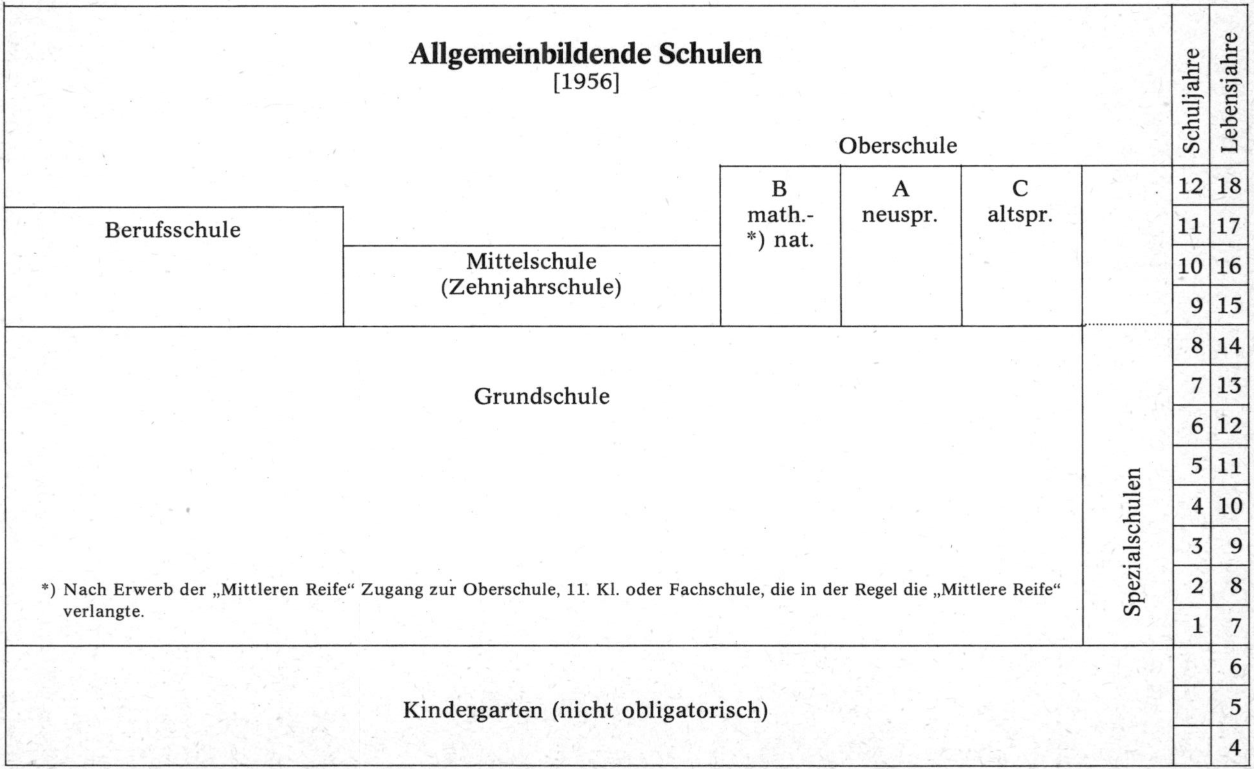
Allgemeinbildende Schulen
[1956]
Oberschule
B math.- *) nat.
A neuspr.
C altspr.
Berufsschule
Mittelschule (Zehnjahrschule)
Grundschule
Spezialschulen
Kindergarten (nicht obligatorisch)
Schuljahre
Lebensjahre
12 18
11 17
10 16
9 15
8 14
7 13
6 12
5 11
4 10
3 9
2 8
1 7
6
5
4
*) Nach Erwerb der „Mittleren Reife“ Zugang zur Oberschule, 11. Kl. oder Fachschule, die in der Regel die „Mittlere Reife“ verlangte.

Allgemeinbildende Schulen

[1976]

[1]) Organisatorisch bereits an den EOS
[2]) Die 2. Fremdspr. baut auf der ab 7. Kl. fakultativ erteilten auf
[3]) Nach Fachrichtung unterschiedlicher Beginn

		Erweiterte Oberschule		Spezialschulen und -klassen	Schuljahre	Lebensjahre
Berufsausbildung	Berufsausbildung mit Abitur	verstärkt neuspr.	verstärkt altspr.	Berufsausbildung mit Abitur	12	18
					11	17
Oberstufe		[1]) Vorbereitungsklassen			10	16
				[3])	9	15
Zehnklassige allgemeinbildende polytechnische Oberschule		[2])			8	14
				[3])	7	13
Mittelstufe					6	12
					5	11
				[3])	4	10
Unterstufe					3	9
					2	8
					1	7
Kindergarten (nicht obligatorisch)						6
						5
						4
Kinderkrippe (nicht obligatorisch)						3
						2
						1

Register